高校思政教育与改革创新

翟 彦 ◎ 著

图书在版编目（CIP）数据

高校思政教育与改革创新/翟彦著.--北京：中国书籍出版社，2023.12

ISBN 978-7-5068-9788-4

Ⅰ.①高… Ⅱ.①翟… Ⅲ.①高等学校—思想政治教育—研究—中国 Ⅳ.①G641

中国国家版本馆 CIP 数据核字（2023）第 246247 号

高校思政教育与改革创新
翟 彦 著

图书策划	成晓春
责任编辑	毕 磊
装帧设计	博健文化
责任印制	孙马飞　马 芝
出版发行	中国书籍出版社
地　　址	北京市丰台区三路居路 97 号（邮编：100073）
电　　话	（010）52257143（总编室）（010）52257140（发行部）
电子邮箱	eo@chinabp.com.cn
经　　销	全国新华书店
印　　刷	天津和萱印刷有限公司
开　　本	710 毫米×1000 毫米　1/16
字　　数	200 千字
印　　张	11.75
版　　次	2024 年 8 月第 1 版
印　　次	2024 年 8 月第 1 次印刷
书　　号	ISBN 978-7-5068-9788-4
定　　价	76.00 元

版权所有　翻印必究

前 言

思政教育是高校教育的重要环节，其本质在于社会主导意识形态的灌输与教化，具体体现为通过提高人的思政素质为社会全面发展进步服务。思政教育是马克思主义理论教育的基本途径，是完成建设中国特色社会主义各项任务的中心环节，是社会主义精神文明建设的基础工程。大学生是社会未来发展的中坚力量和建设者，他们的价值观念影响着社会未来的价值取向，高校的思政教育正是大学生价值观形成和确立的载体。培养大学生自尊、自立、自强，树立高度的价值观念是其成长成才的重要基础和保障。实践教学是思政课的必要组成、重要环节和有效延伸，是践行"大思政课"理念的重要平台。新时代以来，高校思政课实践教学取得了一定的成效，但还存在内容缺乏设计性、主体缺乏广泛性等问题。为此，应从设计教学内容、拓展教学主体、创新教学方式、盘活教学资源、优化教学评价等方面推进高校思政课实践教学改革。高校思政教育应当立足高远、行于根本。当前，社会环境的不断变化为高校思政教育带来了更多的挑战，如何加强高校大学生的思政教育成为教育领域重点关注的问题，高校需要对此问题进行思考和研究，从而发挥思政教育的价值和作用。

本书第一章为高校思政教育概述，分别从高校思政教育的内涵与理念、高校思政教育的特征与价值、高校思政教育的平台构建三个方面展开。第二章介绍高校思政教育的发展现状，主要介绍了三个方面的内容，依次是高校思政教育的时代背景、高校思政教育发展的现状分析、高校思政教育面临的新机遇与新挑战。第三章论述高校思政教育实践路径，分别从高校思政教育实践机制建设、高校思政教育具体实践路径两个方面展开。第四章探究全媒体环境下高校思政教育改革，主要介绍了四个方面的内容，依次是全媒体环境下高校思政教育接受改革、全媒体环境下高校思政教育的四个维度改革、全媒体环境下高校思政翻转课堂教学改革、全媒体环境下高校思政教育实效性改革。第五章为高校思政教育的创新研究，主要从高校思政教育创新的内容、高校思政教育创新的途径与方法、高校思政教育创新的意义三个方面展开。

在撰写本书的过程中，作者参考了大量的学术文献，得到了许多专家学者的帮助，在此表示真诚感谢。本书写作力争内容系统全面，论述条理清晰、深入浅出，但由于作者水平有限，书中难免有疏漏之处，希望广大同行及时指正。

作者

2023 年 8 月

目　录

第一章　高校思政教育概述 ·· 1
　　第一节　高校思政教育的内涵与理念 ··· 1
　　第二节　高校思政教育的特征与价值 ··· 4
　　第三节　高校思政教育的平台构建 ·· 20

第二章　高校思政教育的发展现状 ·· 37
　　第一节　高校思政教育的时代背景 ·· 37
　　第二节　高校思政教育发展的现状分析 ·· 40
　　第三节　高校思政教育面临的新机遇与新挑战 ································· 48

第三章　高校思政教育实践路径 ··· 60
　　第一节　高校思政教育实践机制建设 ··· 60
　　第二节　高校思政教育具体实践路径 ··· 77

第四章　全媒体环境下高校思政教育改革 ·· 105
　　第一节　全媒体环境下高校思政教育接受改革 ······························· 105
　　第二节　全媒体环境下高校思政教育的四个维度改革 ······················ 112
　　第三节　全媒体环境下高校思政翻转课堂教学改革 ························· 120
　　第四节　全媒体环境下高校思政教育实效性改革 ····························· 124

第五章　高校思政教育的创新 ……………………………………… 130
　　第一节　高校思政教育创新的内容 …………………………… 130
　　第二节　高校思政教育创新的途径与方法 …………………… 145
　　第三节　高校思政教育创新的意义 …………………………… 170

参考文献 …………………………………………………………… 181

第一章 高校思政教育概述

高校承担着教书育人的重要职责，高校思政教育更是当代大学生树立正确的世界观、人生观和价值观的重要途径。思政教育的出发点是为国家和社会培养出更多的具有社会责任感、时代使命感和良好个人道德修养的全方位发展的优秀人才，为社会主义现代化国家和伟大中国梦的实现提供人才支撑。本章为高校思政教育概述，分别从高校思政教育的内涵与理念、高校思政教育的特征与价值、高校思政教育的平台构建三个方面展开。

第一节 高校思政教育的内涵与理念

一、高校思政教育的内涵

高校思政教育，通过政治素质、思想、品德、心理素质等方面的教育，将当代大学生培养成未来社会发展需要的接班人，思政教育活动的主要阵地就是高校，目前我国仍然需要借助于思政教育让大学生了解马克思主义中国化成果，让学生们了解中华民族伟大复兴的中国梦，并将四个自信转化为努力工作和学习的实际行动。坚持马克思主义指导思想，是高校思政教育需要遵循的指导思想，我国高校开展的思政教育必须体现出中国思想教育的特色，必须体现出中国特色社会主义价值观念。

我国高校开展的思政教育属于实践层面的活动，在实践教育活动中，大学生既是实践活动的主体，也是实践活动的客体，也就是说，大学生具有双重身份。对大学生开展思政教育的主要途径就是思政教育课程，致力于让大学生成为未来社会发展所需要的人才。在教育思想上将马克思主义放在主导地位，根据现有的中国特色社会主义理论成果，让学生在全面发展的同时，强化自己的社会主义理想和人生观、世界观、价值观的建设，让学生通过思政课成为一个具有社会责任感的人。加强思想道德，对于社会来说也具有十分重要的政治意义。

目前，我国正在加紧建设现代化的社会，想要实现民族的伟大复兴，想要实现中国梦，想要在国际当中占据更有利的竞争位置，那么必须对当代大学生展开思想方面的观念教育，这样才能培养出未来国家发展需要的高素质人才。

二、高校思政教育的理念

在社会快速发展的过程中，人们的价值观念、生活观念都在一定程度上发生了变化，当下处于全新的发展时代，处于这个时代当中的人们也需要让思政教育显现出时代特点，这样思政教育才能培养出符合时代发展需要的社会主义接班人。这就需要人们不断更新传统的思政教育理念，以适应社会发展的需要。我国思政方面的研究专家、教育学者应该思考如何让目前的思政教育理念与社会发展需要、时代发展需要相吻合。

在人们进行大量的实践活动以及大量的理论思考之后，就会创造出思想观念，与思想观念、哲学信仰、精神向往以及理想发展有关的抽象化事物就是人们所说的理念，教育理念指的是教育主体对教育工作的理解、分析、实践，在此基础上所创造出来的教育观念或者教育信念。思政教育的理念是指教育主体在教学实践过程中逐渐形成的有关思政教育的最基本问题和本质规律的理性认识。在思政教育理念当中，明确了思政教育所处的地位、具有的功能，与此同时，也明确了思政教育要使用的方法，要达到的目的，要遵循的规律。思政教育工作者在开展实践活动的时候，需要把思政教育理念当作基本的准则，它在思政教育观念中居于统领和核心地位。

学校的思政教育理念是教育主体在思政教育教学过程中形成的一种教育指向性观念，是对学生的社会实践活动的理性认识。思政教育理念在先进理论的指导及影响之下，可以客观地对现实问题进行深入分析，所以思政教育理念不断地在实践活动中发展、创新。

（一）开放式的教育理念

开放式教育是针对封闭教育来讲的，是一种借助现代科技手段来优化教育资源和环境的配置，从而营造出开放、民主、和谐氛围的新型教育模式。开放式教育要完成的任务是帮助学生综合发展。思政教育应该借助当前的思政教育资源进行教育模式的构建，让学生可以在自主的学习模式当中进行积极的互动，为学生的学习构建自由、和谐以及平等的氛围。开放式教育可以更好地引导学生，让他们形成正确的价值观念。总的来看，开放式教育理念能够促进学生在心理、智力等方面的能力发展，能让学生更好地适应外在环境的变化，这有助于学生快速融入社会。

1. 开放式教育是交往互动的教育

思政教育的开放性主要体现在教学过程中，教师与学生之间，特别是学生与学生之间相互交流、相互理解，从而使学生在相互交流中实现自身的发展进步。开放式教育强调培养学生的人际交往能力，强调让学生掌握正确的社会交往技巧，让学生从理性角度对交往方式及交往对象进行判断，这有助于学生通过交往进行人格的完善。

2. 开放式教育具有包容性

由于自然和社会环境是复杂多变的，所以思政教育也应该秉持开放包容的态度，让学生实现全面自由的发展。只有采取包容性的方式，才能实现普遍性要求与先进性要求的有机结合，体现出主旋律与多样化的有机结合，呈现出共性与个性的有机结合。

3. 开放式教育的本质是学生的自我教育

高校在开展思政教育过程中要培养学生的自我教育意识，在提升学生自我管理能力也要把思政的教育目标转化为学生主动追求的目标，从而实现学生自我教育的目的。

（二）德育为先的教育理念

德育为先是思政教育中的一个教育理念及教育原则，在培养人需要遵循德育为先的基本方略，德育和其他教育不同，德育可以引领其他教育的发展，德育注重对学生的思政观念进行教育，它强调让学生形成思想道德培养方面的认知和意识，它强调改变学生的行为。德育为先具有以下三个方面的含义：一是德育为先是一种教育理念和育人的要求；二是德育为先所表达的并非简单的教育序列问题，而是对教育本真的界定；三是德育为先是多层面的为先、深层次的为先。

第二节 高校思政教育的特征与价值

一、高校思政教育的特征

（一）高校思政教育环境的特征

第一，思政教育环境具有多元化特征。在我国和世界以及国际社会逐渐接轨的情况下，我国的经济发展、文化发展、政治发展都出现了一定的变化，也进行了一定的创新，在不断交流的过程中，思想越来越多元化，文化越来越多元化，所以从整体来看，文化环境是相对复杂的，处于这样的时代背景下，学生也会受到各种各样思想的影响。在这样的环境下，思政教育所面临的环境也必然更加多元、更加复杂。总的来看，思政教育的发展受到了传统文化、西方文化以及现代文化等多种文化的影响。

第二，思政教育环境的国际化。由于世界各国的教育交流与合作日益频繁，思政教育也受国际环境的影响和制约。尽管各国思政教育的内容不同，但是归根结底都是对本国文化的认同和民族精神的弘扬，每个国家的思政教育都致力于让个体明确自身的个人职责、社会职责、家庭职责，致力于让个体遵循社会大众所认可的道德规范，每个国家都会借助思政教育的方式实现个体从自然人到社会人的身份转变，不同国家因为社会发展差异、环境差异、历史差异，所以使用的思政教育方法也存在差异。西方国家更加注重实践教育，教育以学校为主，与此同时会强调社会和家庭的参与。相比之下，东方国家更强调个人修养方面的道德教育，东方国家注重思政教育的客观性，与此同时，还会不断地吸收和借鉴其他文化中的优秀成果。

（二）高校思政教育对象的特征

1. 人格的独立性特征

人存在于社会中，会追求物质和精神世界的和谐统一，从哲学的角度对这种统一进行理解，其指的就是人追求生活方式的和谐。在社会快速发展的情况下，人的生活方式受到经济的影响，也出现了变化，个体越来越强调自身的独立发展，人和人之间没有那么强的依赖性、关联性，人也开始有了更多方面的物质需要，市场经济对个人和企业都产生了影响。在它的影响下，个人和企业越来越独立，个体也越来越注重彼此之间的平等，可以说在经济快速发展的同时，个体的主体特性也得到了有效凸显。所以，当今的学生都有较强的主体意识，他们开始关注自身的独立成长、独立发展。比如，大学生利用假期或课余时间做兼职，逐步实现经济的自主化，他们的视野更加开阔，法律意识更强，且个性张扬，追求前卫。

在当今市场经济背景下，竞争机制激发了人们的生产活力，随着生产力和生产关系的解放，促进了上层建筑和文化方面的繁荣。当就业机制出现变化的时候，人类在谋生方式的选择方面也有了新的变化，这样的变化让个人对国家以及社会不再产生强烈的依赖，个人变得更有自信，更加独立。在这样的情况下，人的思维方式也会出现变化。

2. 网络的依赖性特征

在互联网行业快速发展、科学技术水平不断提升的情况下，社会上出现了很多新媒体，这些媒体对人们的生活方式也产生了影响，人类可以利用新媒体作为途径去获取知识、去沟通交流，人们越来越依赖通过新媒体进行人际交往。在信息化浪潮中，学生是追赶信息化浪潮的先行者，他们对科技生活的适应能力更强，可以熟练使用各种高科技软件及机器，开始习惯并依赖于网上购物，是否会使用微博、微信等，成为时尚的判定标准。

网络是把双刃剑，如果过度依赖，则势必会对学生产生很多不利影响，这就对大学生的思政教育提出了新的要求和挑战。由于网络信息鱼龙混杂，缺乏必要的监管，所以净化上网环境势在必行。随着网络对日常生活的渗透，现实生活逐渐趋于虚拟化。在虚拟化的网络空间当中，学生可以更大程度地展现自己的个性，所以学生越来越关注虚拟空间，忽略了现实生活。这些问题的出现，也使网络文化精神家园的建设迫在眉睫，这也要求人们要传播积极健康的内容，使网络变成社会主义文化传播的新阵地，为学生营造良好的发展空间。

二、高校思政教育的价值

在时代不断发展和变化的情况下，思政教育的研究也必须跟上，只有跟随时代需要，思政教育学科才能实现更好发展。思政教育在跟随时代发展过程中，需要研究自身的发展定位，分析自身对时代发展的意义。

（一）高校思政教育价值的认知

价值的意思为值得的，是指一件事物的价值，并主要指经济价值。

价值是人的需求与满足这种需求所需要的客体属性达成的交接点。主体与客体是肯定关系。主体和客体决定了价值，同时价值还会因为主体的能动性，相应地改变客体的历史性。马克思主义哲学认为，价值所具有的客观源泉和基础都是价值客观性的表现，同时价值也是将主体性和客观性及历史实践等统一的内核。

1.思政教育价值的概念界定

价值在思政教育方面体现出教育的有用性，讨论思政价值含义的前提，必须是将思政教育当中的主客体，通过正确的价值观联系起来，从而正确地构建它们的关系。

社会由人组成，人是社会的主体，也是思政教育的主体。人们在社会中不可能脱离集体单独存在。因为人是社会组成的一部分，与社会相一致；同时，人与社会之间的关系是相互成就和构成的。人既能够创造出社会环境，社会环境也能够塑造一个人的人格。人与社会的物质条件，对社会发展会产生直接影响，对人和社会之间的关系也会产生影响，它直接决定人在群体当中以及人在社会当中的价值和意义，社会当中的人是思政教育的主体，也就是说，群体与个体以及全球的人类，与思政教育构成主体和客体的紧密关系。

主体和客体是一个相对的概念。主体的认识以及实践都是通过客体展现出来的。在思政教育中，主体的主要对象就是客体，主体与客体之间能够直接发生一些特定的关系，并且主体和客体可以在思政教育实践活动当中建立密切关联，主体之所以存在，主要是因为产生了价值关系。思政教育在确定主体地位时，可以从三个方面定义主体的地位：首先，通过物质或精神的分类来划分对象。物质主要表现在教育环境、条件等方面。精神主要表现在教育的目标、内容以及原则等。其次，通过性质可以将教育的主体分为个人和社会的。最后，通过来源可以将主体分为本身的主观世界以及之外的客观实践。主体本身是能动的，是通过不断的认知和评价进行自我教育的，因此主体也可以包含在客体之内。就是说，主体在一定条件下，可以转化为思政教育的客体。

思政教育当中主体产生的发展需要无法利用思政教育本身具有的价值来满足，主体需要的满足需要借助于主体和客体之间的相互作用，利用相互作用，可以让思政教育充分展现自身的价值，以相互作用为纽带可以将它们连接起来。思政教育的价值通过主体和客体之间的互动逐渐形成，思政教育不仅能够将主客体的关系相互连接、统一。通过这种实践，让主体逐渐形成对于能量交换、信息交换、物质交换等层面的认知，并逐渐满足主体需求，从而实现二者关系的有机统一。

2.思政教育价值的基本特征

在分析及界定思政教育的价值之后，可以发现思政教育价值主要有以下特征。

（1）阶级性与社会性

思政教育作为上层建筑的重要组成部分，是阶级和阶级意识的产物，具有鲜明的阶级性。在阶级社会，价值主体需要通过思政教育来传递自己的意识形态、政治意图和道德规范，培养社会需要的建设者和接班人，维护统治阶级的根本利益。思政教育是采取一定的方法，将一定阶级的政治思想，通过宣传和灌输来影响学生，通过自己的意识形态来改变人们的思想，反映阶级需要，为一定阶级提供服务。中国共产党从来不回避其具有的阶级性，以人民群众的利益为最根本的服务目标，满足人民最根本的利益需求。

一切社会关系的总和构成了人的本质。思政教育具有社会性，能够展现出一定的社会关系价值。有一些教育活动可以利用思政教育的方式让不同阶级的个体需求得到更好的满足，阶级不同的时候，人的意识形态就会存在差异，借助于思政教育的方式，人可以完成阶级跨越，也就是说思政教育可以让人们产生共性的思想理念。在一定条件下，思政教育的价值，需要通过不断完善、发展政治教育，来吸收和借鉴曾经的历史经验，从而总结出更符合国家发展的教育方法。

（2）直接性与间接性

思政教育价值的直接性，指的是思政教育能够影响受教育者从思想根基上发生一系列改变，思政教育能够通过这种观点的输出，直接将一些观念和规范传授给受教育对象，并且它还可以借助于活动的组织和计划让受教育者的思想水平有一定的提升，政治教育也能够让人们的思想产生变化，通过间接影响来改变受教育者的行为。

（3）短期性与长期性

思政教育的活动，具有针对性和现实性的教育意义，如在实践活动中，受教育者能够通过教育内容，触动自己的心灵，从而激发自己思想的变化，逐渐将意识转化为行动，进而成为对社会发展有促进作用的个体。思政教育可以通过这种短期活动对主体产生良好的教育效果，同时除了短期活动的教育效果外，受教育者需要长期坚持，来不断地将学习到的内容逐渐内化与外化，转换成自己长久的行为习惯。

思政教育效果具有的长期性，指的是受教育者在接受过思政教育之后，思政教育内容会对其发展产生深远影响，思政教育通过让受教育对象从思想、情感、能力、品质、意志和认识等方面综合提升，让思政教育逐渐向满足社会发展需求的方向转变，通过社会整体的需求，向个人的精神世界转变就是内化的过程。外化是指通过让教育对象受到思政教育，养成习惯，也就是让存在于思想中的政治品质变成个体的行为，利用"两次飞跃"，社会所提出的外在发展需求就会变成受教育者所拥有的思政素质，借助于教育，社会可以对个体发展产生持续影响。总的来看，思政教育需要利用价值的短期性特点作为基础，对人产生持续影响，让人的发展符合社会的发展需要。

（4）潜在性与显在性

在存在方式上，思政教育的价值能够从潜在性和显在性两方面体现。思政教育本身是一个潜移默化的过程，通过教育让自己的思想发生改变，从而影响自己的实践行动。这种潜移默化能够从开始的隐性教育到最后通过自己的行为习惯展现出来，成为显性行动。这就是思政教育的价值存在的潜在性与显在性。

人们正因为这种思政教育，通过掌握教育的内容来形成科学的正确的思想价值观念，在观念的引导下，人会做出符合观念内容的实际行动，在正确思想的引导下，人会借助于自身行动获取精神和物质方面的财富，这体现的是思政教育具有的外在方面的价值。也就是说，思政教育可以引导青少年的精神发展、精神成长。通过不断地潜移默化的影响，最后影响到行为习惯，将思政教育完全外化展现出来，成为对社会有用的人。

3. 思政教育价值的不同形态

若把思政教育的价值类型看作是价值形态，在参考标准不同的情况下，思政教育体现出的价值形态也是不同的。

（1）理想价值和现实价值

从价值实现角度对价值形态进行分类可以将思政的教育价值划分成现实价值形态以及理想价值形态两种。

思政教育具有的理想价值指的是在未来可能会实现的价值，理想价值比现实价值高，理想价值的特点是导向性明显、超前性明显。我国思政教育的理想价值是全国人民为实现中华民族伟大复兴的"中国梦"奋斗的同时，实现综合发展。

思政价值能够使理想和现实形成相互促进的关系。现实价值是理想价值得以实现的前提和基础，理想价值可以对现实价值的实现进行指导，可以让理想价值作为对受教育对象的激励动力。思政教育同样也可以为现实价值提供有力支持，虽然教育也许不能直接解决现实问题，但是却能够为解决现实问题提供有力的理论基础。

思政教育具有的理论价值以及现实价值，需要人们正确地处理平衡二者的关系。受教育者需要通过日常教育，让思政教育理论学习为他们解决现实问题提供帮助；与此同时，理想价值也需要成为思政教育的教育目标，这样理想价值才能够引导受教育者，让他们构建出科学的、正确的人生价值观念。理论价值和现实价值之间的融合可以让思政教育获得最大程度的教育价值。

（2）直接价值与间接价值

价值的实现可以将价值效果划分成直接价值和间接价值两个方面。

直接价值是通过思政教育活动，直接影响、满足社会和自身的发展需求，通过将正确的思想品德内容传递给受教育者，让他们的精神状态发生积极改变。对于受教育者，提升综合素质、激发综合潜力，调动劳动者的积极性和创造性，能够体现出思政教育的直接价值。间接价值是受教育者不能单纯从思政教育中直接满足社会和自身发展的需求，而是需要通过学习思政教育的理论知识，将自己的精神动力逐渐内化，并使其转化为自己的物质财富，以对社会的发展有促进作用。

思政教育能够通过政治实践活动来影响和引导受教育者，形成正确的精神世界观、价值观和人生观。这些观念的形成体现的是思政教育具有直接价值，除此之外，思政教育也可以显现出间接价值，主要体现在思政教育可以间接促进社会发展、社会进步。比如，我国坚持的社会主义核心价值观，需要在多元的背景下，从国家、公民和社会三个层面，通过坚持马克思主义，构建起人们的主流价值观，再通过思政文化的教育，让全社会共同来践行社会主义核心价值观，通过将精神斗志转化成社会发展的动力，来实现我国全面建设社会主义现代化国家的目标。这种内化的精神追求，能够通过人们的自觉行动展现出外化的表现，从而让世界、社会得到发展，这就是思政教育的间接价值。

思政教育具有的直接价值和间接价值之间存在辩证统一的关系，在二者的关系当中，直接价值是基础部分，直接价值发挥作用之后产生的一系列综合反应就是间接价值。直接价值与间接价值之间的关系密切又复杂，需要通过思政教育将两者有机结合。作为教育者，不能因为思政教育和物质形态生产力之间没有直接关联就否认思政教育在物质生产方面的间接价值，同样的道理，也不能因为物质生产决定社会发展就否认思政教育具有的直接价值，如果直接价值被否定，那么思政教育本身的存在也会受到质疑。

（3）正面价值与负面价值

根据思政教育价值在性质方面的差异，可以将价值分成正面价值和负面价值两种。

正面价值指的是思政教育活动可以在精神层面满足人民群众提出的发展需要，我国的思政教育以马克思主义理论体系作为指导思想，依照党和国家的奋斗目标，在积极满足人民群众发展需要的基础上，有目的、有计划地实施，在这个过程中产生了正面价值。而负面价值相反，它能阻碍社会和人类的发展进程。

负面价值主要包括两个方面：一是零价值或无价值，当思政教育活动不能实现既定目标和教育目的时，人的思政素质没有任何提高；二是负面价值（否定价值），指的是思政教育活动阻碍了社会的进步和教育目标的实现，甚至破坏了原有的教育成果，对个人乃至社会的发展起到了消极或有害的作用。

（4）目的性价值与工具性价值

思政教育从结构或目的来看，可以分为工具性价值和目的性价值。

工具性价值作为目的性价值的前提，是一种巩固阶级统治的工具。通过将传播意识形态作为主要手段，把工具性价值放在思政价值教育的首要地位可以体现出思政教育本身的内核。工具性价值的存在可以让目的性价值的实施得到有效保证，与此同时，目的性价值最终的目标就是让工具性的价值得到有效实施。

目的性价值是通过正确引导，让受教育者在发挥自己主观能动性和创造性的同时，主动认识到自身发展需求，最终成为全面综合发展的社会公民。目的性价值，就是将个体作为主要的主体，通过思政教育来满足个体精神层面的需求，通过提升思政素养来达成对于人类精神世界的构建。

工具性价值和目的性价值，这两者之间相互都有着支配和制约的作用。这两者能够在思政教育的实践当中进行有机的统一，这两者不可分割。思政教育不仅要为社会培养合格的社会主义建设者和接班人，还要为受教育者实现成才、成长的个人目标服务。

（5）显性价值与隐性价值

思政教育，按照价值的表现可以分为隐性价值和显性价值。

显性价值的价值依据是思政教育使用的外界语言，除此之外，也可以通过价值评估去判断思政教育的显性价值，借助于思政教育，受教育者可以更好地适应社会，有更高的素质，可以更好地改造自然。思政教育实施后，受教育者可以创造更多的精神及物质方面的财富。

思政教育没有通过一些活动展现出来，而是通过隐性价值展现出来，这就是思政教育的隐性价值。素质的提升是一个从知识掌握到行动的复杂过程，教育也许改变了人们的思想观念但并不能及时地通过外在行动展现出来。这种思政教育的价值是属于隐性状态的，人们不可以通过显性的价值来评判教育的价值。

思政教育的显性价值和隐性价值具有统一性，显性价值一般会滞后于隐性价值。根据教育的客观规律，受教育者良好素质的养成并不是一蹴而就的，素质形成需要经历漫长的过程，所以接受思政教育一定时间之后才会看到教育的显性效果。

（二）高校思政教育的社会价值

社会价值是思政教育通过教育内容，逐渐将社会文化、政治及经济建设来通过教育而积极地构建起来，从而让思政教育获得客观存在的社会价值。这与一些社会的文化、经济和生态的现象具有一致性。教育发生了作用，呈现出对社会多个方面的价值，因此这也是思政教育具有社会价值的形态体现。

1. 经济价值

思政教育的经济价值指的是它能够推动社会的经济发展，实现经济增长，从而满足人类的需求的效应。人类的需求可以分为精神需求和物质需求，这些都是能够通过思政教育的经济价值来满足的，将经济建设设为思政教育的中心，要通过正确的理论指导，来保证社会主义的发展方向，并为经济建设提供动力。

（1）思政教育可以确保社会经济的发展方向

社会主义制度下的市场经济，是通过市场的机制和社会主义制度有机结合起来形成的。资源配置需要依托于市场进行，思政教育可以对市场机制的形成进行约束，保证市场符合社会主义的发展需要。市场经济向社会主义方向发展对市场经济的本身构成有重要意义。社会主义方向一是通过市场经济的构成得到保障的，这也是控制社会主义市场经济发展的根本依据；二是人们对社会主义市场经济的构成有一致的理解与认识，在相同的内在结构当中，人民由于共同的认识达成自觉地坚持社会主义市场经济的发展方向，这离不开人们对思政教育的学习，只有充分保证这个优势，才能够对现行的社会经济体制作出正确的引导和宣传，让人们认识到经济制度在目前社会具有必然性和合理性，同时对人们进行正确的市场竞争教育、效率观念教育，使经济建设得到有效推动。

（2）思政教育能推动社会的发展，能够成为社会发展的内在精神动力

作为社会的生产主体，人是生产的主力，人类通过生产力的发展，来征服自然和改造自然，这也是生产力发展至今的最主要动力。当代中国要将发展作为我国的第一要务，通过保证科学技术的发展，来为我国的生产力提供持续发展的动力，提升科技水平和劳动者素质是我国当今社会生产力增长的最关键因素，这些根本因素也让经济的增长方式发生了改变，人才已经成为我国生产力发展上最重要的战略资源，也是我国生产力发展和进步的开拓者。这说明人才是促进生产力的重要因素，只有让人全面发展，成为先进的劳动者，才能够进一步发展和提升社会生产力。

劳动者的全面发展，首先要具备两个基本的素质：一是需要具备先进的劳动能力以及对于科学文化的基本素养，二是需要有社会责任感和事业心。科学素养和劳动力是能够直接展现在劳动者身上的因素，劳动者本身具有的道德和思政素质，能通过直接和间接的作用反映到生产力上。这种直接和间接的作用，不仅能够展现出人类的智力条件，也能够展现出一些精神层面的非智力条件因素，其中非智力因素通过反映劳动者素质，成为提高劳动者精神动力的重要条件，也深刻

地影响生产力发展的方向。

思政教育也能直接影响人们的道德素质和政治素质的发展。思政教育能通过教育内容，激发劳动者本身的创造性和积极性，为生产力的发展提供不竭的动力；思政教育也改变了原来的生产关系，通过发展生产力，让生产关系更适应现代社会的发展需要。需要正确对待这种改革，因为改革当中一定会出现困难和风险，但是中国特色社会主义的道路能够为改革进程中的开拓者提供信心和动力，让人们充分投入到改革运动中，发展和解放生产力。

（3）思政教育可以为经济发展提供环境

国家的经济增长是一个国家能够为人民提供经济商品的能力保障。这个能力是通过技术的进步和意识形态的完善实现增长的。经济发展在任何社会中，都需要有思想意识的支撑。人们的生活生产方式，随着全球经济的变化都产生着相应的变化，这反过来也会影响人们的思想观念和价值观念，各种新的思潮涌现能够深刻影响我国意识形态的变化，在这种情况下，一定要严查意识形态的宣传教育，不能让全球经济快速发展的新思潮打乱了意识形态教育，从而影响我国社会主义现代化建设的事业发展。意识形态为统治阶级服务，意识形态的教育也是思政教育中最主要的环节。

只有社会的稳定与和谐才能够促进社会环境长足发展，思政教育能够通过对意识形态的教育，来为人们创造良好的社会舆论氛围和精神氛围，通过社会良好风气的养成来促进市场经济健康发展。思政教育能让受教育者辩证和全面地看待经济问题，并通过客观科学的分析，让人们从狭隘的经济增长框架中拓宽视野，通过树立自己的科学发展观念，让经济和社会的进步具有可持续性和科学性。

2. 文化价值

思政教育在某种程度上能够满足人民的文化需求，同时促进文化发展，这就是思政教育在文化方面的价值。在社会意识形态的组成要素中，思政教育不可或缺，它本身就是需要付诸实践的文化活动，可以有效促进我国社会主义文化的发展，增强国家软实力，建设文化强国。思政教育的文化价值主要体现在以下方面：文化传播、文化选择、文化创造和文化渗透。

（1）文化传播

人们的政治观点或思想观念等具有文化特征的文化观点，从一个群体当中传播到另一个群体中，这种传播过程称为文化传播。思政教育，通过广泛传播社会主流的文化教育，来让公民具有社会化的思想道德意识。

在思政教育当中，教育者需要将思想观念、政治观念、道德观念传递给受教育者，上述提到的思政以及道德方面的观念都属于文化领域当中的观念，也就是说，思政教育方面的活动属于文化传播活动。思政教育不但是一种教育方式，同时也是一个过程。思政教育，从主导意识形态和传授思政相关信息方面出发，让学生们接受主导社会文化发展的价值观，并养成符合社会发展需要的行为习惯；同时也能够通过思政教育的学习和实践活动来获得相关知识，这样受教育者就会形成和社会主要观念一致的信仰、态度、政治观点，也会做出符合社会主流观念的行为，上面提到的两个活动是彼此联系的，它们的关系是辩证统一的关系。

（2）文化选择

思政教育在文化选择方面的价值主要有两个方面，分别是正面的选择和反面的排斥。正面的选择主要是吸收积极的文化，筛选与思政教育价值观相同的内容，将这些先进思想纳入教育中，丰富思政教育等组成部分，并在后期发展中继续继承、不断弘扬；反面的排斥主要是排斥与思政教育导向不符的内容，对有害的劣质文化加以抵制，从反面推动思政教育发展。

文化包括主流文化和非主流文化，通过丰富的内容和表现形式，能够为人类社会的发展提供最宝贵的历史精神财富积累，但文化也有糟粕。无论是物质方面的文化还是制度和观念方面的文化，不论何种形态文化，只要与思政教育的最终目标与内容一致，思政教育都应该积极选择和吸收，促进积极文化发展，使它们拥有更广阔的发展空间。反之，如果是消极的文化或与思政教育的目标和内容背道而驰，那么就应该坚决抵制或对其进行批判，使之无法进入教育体系，以确保思政教育的纯洁性和先进性。我国社会主义文化的繁荣和发展，离不开思政教育的推动。要把我国建设成为文化强国，思政教育应该不断取长补短，筛选各种文化，吸收有利内容。对中华民族的传统文化，需要有批判地继承；思政教育中对于一些西方文化，应该具有批判性的创造和转化与理性的借鉴。通过各种文化现象和因素科学的鉴别、分析和筛选，实现对文化的继承和利用。

（3）文化创造

一个国家、一个民族的发展需要将文化作为其发展的灵魂，文化可以让一个民族具有更强的凝聚力，可以为人民提供精神家园。全球化发展表面上是不同的国家进行经济方面的竞争，本质上则是不同国家进行文化方面的竞争。

思政教育在培养创新型人才方面起到了很大作用，也促进了广大人民群众积极投身物质和文化生产建设中，推动精神文明建设，此外还可以丰富理论知识内容。思政教育的教育者在传播思政观念、价值观过程中，会结合当前社会实际情况及自身的教学经验吸收优秀文化，自觉抵制腐朽落后的文化，向受教育者传播最新的思想和理念，确保符合社会主义核心价值观的要求，同时也完善了原有的文化体系。思政教育在教育学科中具有特殊性，因为能够影响人类的生活方式和价值观念，通过改善人们的知识结构来影响人们在活动和生活当中的行为习惯，对更新人类文化结构也起到了一定创造作用。

（4）文化渗透

意识形态决定了思政教育需要通过统治阶级的意识形态，控制思政教育相关的社会文化意识。通过倡导符合阶级目标的道德要求和文化价值观念，逐渐让符合要求的思政教育渗透到相关的教育过程当中，通过思政教育来弘扬社会主流文化，使之在社会亚文化中发挥更大作用，想要使主流文化渗透和影响各种社会亚文化，最重要的一种方式就是思政教育。思政教育传播主流文化，体现当前时代发展的特点，以人民为中心并具有中国特色，在指导思想上，以马克思主义为指导，融入了中华民族优秀传统文化，借鉴、吸收世界优秀文化，具有包容性和多样性。在主流文化外还有各种亚文化，这些主流之外的文化，不仅在多个方面影响着社会文化的总体发展，也影响到社会的发展。因而，思政教育不仅包括主流文化，还要从各种亚文化中吸收优秀内容，抵制落后思想，使主流文化能够更好发展。

文化渗透功能可以将思政教育和主流文化发展渗透到亚文化中，亚文化在社会文化发展当中也十分重要，将主流文化渗透到亚文化之中，能够创造更良好的社会文化环境，引导正确的文化发展方向，将冲突减弱，并通过文化的融合与吸收，让文化成为思政教育的载体，通过社会文化的融合，形成更加健康的社会文化环境。

3. 生态价值

让全民形成环保意识和节约意识，对生态环境也有正确的保护意识，形成合理的消费观念，共同营造良好的社会风气。让人们在良好的生活环境下，为生态作出自己的贡献。

思政教育在引领生态思潮促进生态文化创新方面也是重要推动力。工业化发展让人们对自身所处的环境和不断恶化的生态有了更清晰的认识，人类面临着前所未有的生存危机。在此过程中也形成了生态哲学、生态社会学、生态政治学等多种生态思潮。生态思潮主要从思想上重新审视人类文化，通过批判一部分落后的思想文化，来探究生态危机产生的根源，也就是社会文化和价值观方面的问题。思政教育需要以马克思主义为指导，从这个角度出发，帮助人们形成正确的生态观，引领生态思潮的发展，探讨生态思潮产生的原因，让人们在评价和选择方面有更明确的方向。

整个社会的人类都追求人和自然、人和社会之间的协调、持续、和谐发展，这是整个人类社会的发展目标。在中国先进文化中，社会主义生态文化是关键的一部分，马克思主义是指导思想，最终目标是要实现人、自然和社会的协调发展，这既是人类历史发展势不可挡的趋势，也是先进文化的要求。思政教育立足于当下，紧跟时代发展步伐，在生态文化建设方面，始终坚持创新，遵循生态文明建设原则。这样做的目的是让受教育者明白生态文明建设的价值，认识到自然界不仅可以为人类提供物质所需，还可以满足人们在科学、审美、文化方面的需求，具有极大的精神价值。一定要充分发挥思政教育在文化创新方面的作用，以科学发展观为指导，从古今中外的生态文化思想中吸取合理的部分，同时人民群众在生态文明建设过程中的经验也值得借鉴，可以总结和提炼，使生态文化朝着创新方向发展，在未来发挥更积极的作用。

（三）高校思政教育的集体价值

当有相同目标的个体相遇之后，他们就会形成集体，集体当中的个体成员会彼此影响，也会共同为了目标的实现而奋斗。有一些思政教育价值需要借助于集体的方式去实现，思政教育方面的实践活动可以让某一个群体的发展需要得到更好的满足，思政教育的作用及它本身的属性可以在一定程度上对集体发展产生正向影响，推动集体更好地发展。

1. 有助于增强集体凝聚力

中国共产党一直就有进行思政教育的传统，思政教育可以团结和凝聚广大人民群众的力量，在长期的革命实践中已经得到了验证。思政教育可以使人们团结一致，使之形成强大的动力，推动集体发展，凝聚众人的力量。

（1）强化集体认知

思政教育通过让个体认识到自身与社会的连接，来实现个人价值；同时，个人通过思政教育，逐渐形成了集体的认同价值观和行为准则，通过准则约束成员的行为。

（2）深化集体情感

借助于思政教育，个体会形成对集体的更强烈的认同感、荣誉感，更容易形成集体心理。也就是说，在思政的教育下，个体更渴望参与集体活动，个体会把自身的发展利益和集体的发展利益联系在一起，会形成与集体共进退的发展意识。

（3）坚定集体信念

思政教育通过引导人们的思想意识来影响集体成员的行为习惯，让集体成员形成集体荣誉感和责任感，并对集体保持忠诚、自信和自豪感，这种觉悟能够让集体成员保持齐心协力的发展方向，通过共同的目标来激励自己约束自我的行为习惯。

2. 有助于科学有效地发展集体目标

个人价值的实现是在社会中进行的，也是在集体中进行的，社会的发展也同样需要集体和个人的努力。思政教育就是帮助人们处理个人、集体和社会三者之间的关系，在集体目标中融入社会建设的目标，让集体目标体现社会发展的方向，促进集体科学的发展。

如果集体制定的目标能够得到全体成员的认同，那么这个目标就是有效的，并可以使全体成员作为个人目标努力践行，这样可以推动更好地实现集体目标。思政教育主要通过宣传的方式，让人们认识到集体发展的目标，可以让人们用辩证和发展的眼光来看待这一目标，使个人的目标与集体目标发展相一致，使个人明确自己的志向。

集体成员在思政教育的融入下，能够更明显地表现个人情绪，使他们情感更充沛，彼此之间的关系更融洽，激发出积极的情感，抵制消极情绪。此外，还可以引导集体成员在情感和组织上更加积极向上，最终使集体目标内化为个人的目标，凝聚众人的力量，从而更好地完成集体目标。

3. 有助于构建和谐的成员关系

集体主义教育包括多方面的内容，主要有处理个人与集体的关系，对他人更理解和包容，集体成员之间彼此团结合作等。思政教育也采用了多种方式来缓解集体内部的矛盾，解决问题，使集体内部成员关系更融洽、团结一致。

（1）创造良好的集体氛围

思政教育要建立在对集体成员有很好的认识与了解的基础上，及时发现并解决问题，对集体成员有正面引导；领导者和群众具有一定的权威，在集体舆论的形成中具有重要作用，可利用他们把握舆论导向；在舆论中融入思政教育的内容，在无形中增强舆论感染力，创造积极向上的良好氛围。

（2）创造平等沟通交流的平台

思政教育要发挥沟通的作用，可以通过面对面的直接交流、讨论座谈会以及其他形式的媒介，促进思想的交流和意见交换，分享彼此的感受，使双方有自由平等交流的平台，从而增进感情，促进解决问题。

（3）关注集体成员的心理

思政教育可以促进良好干群关系的形成，也可以帮助集体成员处理各种人际关系，正确看待彼此之间的关系，避免因为竞争导致的认识偏差，让集体成员保持心理平衡；还可以更清晰地认识和了解集体成员的思想，方便制定和完善某些政策，兼顾集体成员的意愿。

4. 有助于形成发展集体文化

全体成员的共同努力才创造了集体文化，它包括任何物质的和非物质的文化，集体成员通过学习可以使之继续传承和发扬。在集体文化建设和发展过程中，思政教育主要有两个作用，具体如下。

（1）在制度文化方面

集体成员的行为受到各种规章制度的约束和支配。集体成员对规章制度的认同关系到他们自身的利益，如果能够很好地贯彻落实规章制度，可以实现全体成员的利益，稳步提升他们的物质生活水平。因此，要帮助全体成员对集体的规章制度产生认同并自觉遵守，在执行制度过程中也要不断完善。

（2）在精神文化方面

思政教育对人的思想具有塑造作用，统一集体成员的价值追求，树立正确价值观，让集体文化拥有更强大的生命力和凝聚力。在思政教育活动开展的过程中，集体文化可以得到有效加强，属于集体的独特仪式或独特象征物可以展现出全新的面貌，集体成员也会在这样的活动中受到影响，这有利于集体塑造出更好的形象。

（四）高校思政教育的个体价值

思政教育具有的个体价值体现在它可以影响个人的生存及发展，个体的生存需求及发展需要可以借助于思政教育的方式实现，思政教育还可以为个体的发展提供精神动力，也能够约束个体的行为发展、品格发展。

1. 有助于激发学生的精神动力

让学生拥有积极向上的精神力量，促进学生全面发展，是思政教育的重要作用之一。在激发学生精神动力方面，思政教育发挥了很大作用。人因为有需要才会有行动的动力，进而有行动。人的需要无外乎两种：物质和精神需要，也会因此产生物质和精神上的激励。中国特色社会主义建设一方面要有正确的经济手段，另一方面也需要对人们进行精神鼓励，即思政教育。思政教育对人的激励有民主激励、榜样激励、情感激励和目标激励。民主激励是思政教育宣传社会主义民主，通过各种方式让受教育者参与到社会主义管理中行使权利，这样可以调动受教育者的积极性；榜样激励是通过榜样的力量来影响受教育者，激发他们的上进心；情感激励是满足受教育者的情感需求，使他们在情感上趋向于积极、正能量。思政教育在理论方面始终以马克思主义理论为指导，践行社会主义理想信念，让受教育者树立正确的人生观和价值观，在精神层面给予人们动力。

2. 有助于塑造学生的个体人格

一个人整体上的精神状况就是人格表现，人格具有一定价值倾向，也是一种较为稳定的心理特征。人格方面包括精神层面、思想层面、道德层面以及情操层面，思政教育可以利用教育方式培养个体形成优秀的品格，可以让个体的精神发展到达更高的层级，拥有健康的心理素质，为未来社会的发展培养高素质人才。

思政教育工作的深入开展，引导受教育者明确自身定位，认识到自己在未来社会发展中的地位，增强责任感和使命感，拥有主人翁意识；也让受教育者明确人生目标，树立崇高的理想，指明奋斗方向，对社会、人生和个人有更清晰的认识，具备改造和适应环境的能力；影响受教育者的认知、情感和态度，拥有健康向上的心态，热爱生活，主动创造，在生活中积极乐观，顽强奋斗，发挥个人的潜能，促进人格完善。由此可见，思政教育在完善和发展自我方面具有重要作用，给人内在的精神动力，帮助塑造健全的人格。

3. 有助于规范学生的个体行为

在改革开放日益深入的情况下，市场经济的发展不断繁荣，社会也有了更大的发展活力，这样的变化要求社会规则及时更新，我国目前正处于社会转型时期，思政教育的意识形态作用更加凸显，要努力践行社会主义核心价值观，通过道德和法律，双管齐下，规范学生的行为。思政教育是对受教育者进行有组织、有目标的道德教育，可以让受教育者拥有良好的道德品质，陶冶情操，树立正确的道德观念，将这些道德意识内化于心，对自己的行为产生约束，在社会活动中用更高的道德规范来约束和管理自己的行为。加强法制观教育，形成良好的法治社会氛围，让全体社会成员自觉形成遵守法律、学习法律的意识。同时，也要发挥法律的作用，引导和规范全体成员的行为，保障成员的利益，为社会主义核心价值观的践行提供制度保障。

第三节　高校思政教育的平台构建

一、人文素质教育平台构建

人文素质教育，旨在发挥高校文化育人的功能。在高等教育思想内容建设进程中，高校思政工作应注重时代特征与高校特色的结合，将人文素质教育贯穿学生培养的各个环节，提升大学生的人文修养，推动文理交融，完善综合素质，增强文化自信。

（一）人文素质教育的重要意义

第一，人文素质教育是人的全面发展的重要途径。教育的本质是对"人"的培养，通过人文素质教育让大学生学会"如何做人"，帮助他们树立正确的世界观、人生观、价值观，健全大学生的人格，增强学生社会责任感、历史使命感。人文素质教育的目的就是要培养人高尚的人格品德和促进人的全面发展，这与马克思全面发展理论的内涵高度契合。人文素质教育，可以满足人们对人文知识学习的需要，满足人们对高尚品德的追求，人的全面发展要求人具备高尚的道德品格、优秀的内在品质、良好的知识结构和科学的思维方法，这与人文素质教育的内容是充分契合的。实现大学生的全面发展需要进行人文素质教育，这是理论落脚于实践的内在需求。

第二，人文素质教育有利于学生道德品质的提高。人文素质教育让大学生的情感得以熏陶，心灵得以净化，思想得以升华。无论是孔子的"杀身成仁"，孟子的"舍生取义"，范仲淹的"先天下之忧而忧，后天下之乐而乐"，抑或文天祥的"人生自古谁无死，留取丹心照汗青"，这都是中国传统文化的人文精华，挖掘中国本土性、母体性、民族性的人文因素，结合当下国情与时代背景，进行现代性转化，这不仅有助于丰富大学生思想道德教育的内涵，更有利于大学生道德水平的整体提升。

人文素质教育不仅教学生以人文知识，在更大程度上教学生认识自我，从而认识他人、社会乃至全世界。人文素质教育同样可以将许多先辈留下的人生体悟和人生哲理教给学生，有助于帮助大学生更清楚地认识自我，同时通过自我认识更清楚地了解世界以及自身对他人、家庭、社会、国家的责任。顾炎武所云"天下兴亡，匹夫有责"，正是中国传统文化对"责任"二字的最好诠释；庄子的《齐物论》让人们重新思考个人与世界万物之间究竟处于怎样的关系；佛学文化讲究"悟"，教人以"空"的思想重新审视整个世界，包括内在的精神与外在的物质，而"悟"的前提则需要深厚人文素养的积累、内化与践行。

第三，人文素质教育有利于创新精神的培育。良好的人文素质能够激发人的创造力，通过人文素质教育，开拓大学生思维，激发创新灵感。人的文化背景越宽泛，视野也会随之开阔，融会贯通能力也随之增强，进而创造力也得以激发。开阔的视野能够帮助大学生站在前人的肩膀上，高瞻远瞩。人文素质的提高是一个由外而内的过程，通过对人文知识的学习、认知与感悟，将人文知识内化为自身的一种"精神内涵"，这种精神内涵有助于学生对问题的深刻反省，对知识的灵活运用，能够击破思维的惯性与惰性，有利于发现、提出有价值的问题与创造性地解决问题。因此，人文素质对大学生创新精神的培养具有一定的作用。

（二）人文素质教育的主要内容

1. 革命文化教育

在中国人民及中国共产党坚持不懈的奋斗中，革命文化得以形成，革命文化中包含着中国共产党人及中国革命群众的思想精神，也就是说革命文化包含革命精神及与革命有关的历史文化，它是扎根于中华土壤而形成的优秀的传统文化，社会先进文化的形成也在一定程度上吸收了革命文化的深刻内涵。革命文化包括中国新民主主义革命时期和社会主义建设初期的遗址、遗物、纪念物等物质文化和在这一革命过程中孕育出来的革命历史、革命精神、革命文学艺术，以及人民领袖、将军、烈士及老区广大人民群众的革命遗迹等非物质文化两种形态。

分析革命文化可以发现，它展现了我国人民自强不息的顽强精神、时刻忧虑家国发展的爱国情怀、不因富贵威武及贫贱而改变的高尚气节和天道酬勤的民族精神。通过革命文化，可以看到我国人民的高尚品格和崇高理想。社会主义核心价值体系的形成在一定程度上吸收了革命文化的精华，革命文化在爱国主义教育活动中具有先天的优势。高校应当通过组织参观寻访、观摩主题影视资料、举办红色经典作品品读、开展演讲比赛和征文比赛等形式多样的活动，促进大学生重温老一辈的红色岁月，了解红色文化，潜移默化地使青年学生接受更多的革命历史知识、革命传统和革命精神，进一步激发大学生对党的热爱，对社会主义的热爱。

2. 先进文化教育

对大学生开展社会主义先进文化教育，就是要培育大学生的爱国主义精神、民族精神和改革创新精神，其中爱国主义精神和民族精神是重中之重。开展大学生爱国主义教育，就是要引导大学生充分认识到改革开放以来，党领导人民群众取得的社会主义建设伟大成就，增强大学生对于社会主义道路、制度、理论和文化的自信，并增强投身社会主义建设，为国家建设添砖加瓦的主动性和自觉性。开展大学生民族精神教育，就是要引导大学生增强民族自豪感和自信心，对实现中华民族伟大复兴充满信心；同时要引导大学生积极弘扬民族文化、民族精神，传承和发扬好作为炎黄子孙的基本价值观念。

（三）人文素质教育的基本路径

大学生人文素质是校园文化建设的重要内容，也是学生成长成才的必要基础。

人文素质教育是大学生全面发展的需要，是思政教育学科发展的需要，是社会主义和谐社会发展的需要，因此高校加强大学生的人文素质教育是势在必行的。通过构建课程体系、开设人文讲座、营造人文环境、提升艺术修养来加强大学生的人文素质教育，不断地夯实大学生的人文基础，提高大学生的人文修养，促进大学生的全面发展。

1. 构建课程体系

在高校整个课程体系、整个教学活动中规划人文素质教育课程。在高校学生中大面积普及人文知识教育，在课程体系构建过程中适当增设人文必修课和人文选修课。对大学生进行人文素质教育必不可少的是利用课堂教学方式，所以在进行课程体系设置时，应该设置更多的和人文有关的必修课程，如开设古诗词鉴赏、中外哲学等课程，结合历史资料和影片、专题片等影像资料，进行直观、感性的人文素质教育。人文选修课程的开设需要考虑学生的差异，需要考虑专业需要的差异，在此基础上设计出符合学生兴趣和需要的人文选修课程。除此之外，学校还应该针对某一个专业学科的特殊性为学生开设可以辅助其专业发展的辅修课程，也可以为某一个专业的学生提供双学位教学服务。

2. 打造教师队伍

"人文素质教育师资队伍是决定高校人文素质教育工作水平高低的重要方面。"[1] 教师是教育行为的实施者，在教学过程中起着重要作用。高素质的教师队伍是推进大学生素质教育的根本保证。在高等教育过程中，教师的状态是影响教育质量的潜在因素。教师需要充分认识到人文教育对于教学活动的重要意义，自觉注重人文知识的学习，特别是经典著作的阅读，拓宽自身知识面。在实施教育过程中给予更多人文关怀，即对人本性的内在需要。人文素质教育过程中，教师不仅需要有理论上的传授，也应当更加注重与大学生情感上的交流，在教育教学的过程中，充分尊重和关怀大学生，注重培养学生的社会实践能力和感悟生活的能力，将教学与现实生活紧密相连，培养学生完善的人格以及关心他人、尊重他人的品格，促进学生的全面发展。

---

[1] 杭国美，武飞，武少侠. 高职院校人文素质教育评价体系构建[J]. 高等教育研究，2011，32（07）：68-74.

3. 举办人文教育活动

高校人文教育活动因其形式丰富、贴近学生、参与者众多广受学生喜欢，举办各类人文教育活动亦成为高校人文素质教育最主要和最直接的方式。人文教育活动种类丰富多彩，包括舞台演出、人文讲座、读书活动、体育比赛等。这里对读书活动和人文讲座稍作展开。

阅读是人们学习科学文化知识、获取信息、体验艺术最重要和最直接的方式，因此开展人文阅读，是对大学生进行文化素质教育最有效的方式。一方面，高校应为学生人文素质的提高提供阅读书目；另一方面，高校应该充分利用大学校园去开展校园文化活动，如可以在校园当中组织阅读活动、知识竞赛活动、朗诵活动、情景剧演出活动，学校的校报也应该转载或发表经典作品，学校的广播电台也应该经常播放与人文有关的歌曲。让人文经典的气息弥漫于大学校园之中，让人们接受人文熏陶。

人文课程教学可以将学术讲座活动作为教学的有效补充，学生人文素质的培养也离不开学术讲座的支持。高校可以积极邀请国内外知名专家、学者，打造校园经典人文讲座，形成大学讲坛文化。人文知识讲座要结合实际，有统一的组织和合理的安排，增强系统性和针对性。通过组织各类学术活动、开展传统文化教育等方式增强大学生修身意识，传承学校精神文脉，促进优良学风建设，营造文明修身、健康向上的校园文化环境。

4. 营造人文环境

人文素质的形成需要通过提升自身的修养来达到，提升修养的过程就需要不断受到人文环境的熏陶，在耳濡目染中提升艺术修养，在隐性教育中提高人文素质教育的成效。校园人文环境包括自然环境和人文环境。自然环境指看得见摸得着的，如山水园林、校园建筑、学习场所及娱乐设施等。人文环境是看不见摸不着的，包括学风、教风、校风以及校园文体活动、人际关系等。校园人文环境建设是校园文化建设的有力抓手，也是人文素质教育的有效载体。加强校园人文环境建设，营造积极向上、健康高雅的校园文化氛围，对大学生人文素养的形成具有重要意义。重视校园文化景观的教育意义，发挥校内雕塑、广场、建筑小品、景观景物的文化熏陶功能，进一步开发校内建筑及人文景观的文化价值，通过组织学生参与设计校园景观作品、命名楼宇街道等活动，鼓励学生积极参与校园环境建设。

二、身心素质发展平台构建

身心素质发展平台，是以大学生身心素质的平衡发展为核心，由高校的相关部门共同打造的平台，旨在通过全面的体育教育和心理健康教育，帮助广大学生培养强健体魄、健康心态，促进学生身心和谐。

（一）身体素质提高平台

第一，深刻认识高校体育工作的育人功能。身体素质是人的基本素质。体育课程教育、课外体育活动和赛事，旨在培养大学生健康体魄，切实提高大学生体质健康水平，促进学生全面发展，也是思政教育的重要途径之一。高校应当充分挖掘和有效发挥学校体育在学生思想道德素质、科学文化素质、身心健康素质以及人格品质、审美素养和健康生活方式形成中的多种育人功能，磨练意志品质，培养团体精神。

第二，大力建设大学生身体素质提升平台。改革开放以来，我国体育事业蓬勃发展，各地不断完善和落实各项政策措施，广泛开展阳光体育运动，有力推进学校体育改革发展，高校的体育工作取得很大成绩。

近年来，各高校通过多元化体育教育、锻炼平台的建设，积极打造体育教学、课外活动和体育赛事相结合的群体模式，开展形式多样的群众体育运动，拓宽学生参与群体活动的途径，丰富校园体育文化生活；依托学生体育类社团和体育骨干的培养，创建品牌体育活动，弘扬各具特色的校园体育文化、传统和特色；广泛传播体育精神和健康理念，形成学生热爱体育、崇尚运动、健康向上的良好风气。

体育课程教育、课外体育活动和赛事以及过程中弘扬的体育文化和体育精神，是身体素质平台建设的重要抓手，其中所蕴含的育人功能也早已成为各高校的共识。结合大学生生理心理发展特点，向学生传授体育知识、理论和实践的体育教育过程中，应当适当融入思政教育的内容。

（二）心理健康教育平台

从广义角度进行分析，心理健康指的是人的心理状态处于可以让人满意的状态，从狭义的角度进行分析，心理健康指的是人在活动中涉及的认知、情感、行为、人格或者意志是彼此协调的。大学生群体看似轻松，实则承载着巨大的压力，比如学业困惑、情感纠葛、就业迷茫、人际关系紧张等。大学生因为心理问题而休学、留级、退学的案例已经屡见不鲜。因此,加强和改进大学生心理健康教育是新形势下全面贯彻党的教育方针、建设人力资源强国、推进素质教育的重要举措,是促进大学生健康成长、培养造就拔尖创新人才的重要工作,是推动高等教育改革、加强和改进大学生思政教育的重要任务。

大学阶段的学生自我意识在逐渐成熟,大学阶段是培养学生个性的最关键时期。大学生的自尊心和独立意识都很强,但是他们的心理发展并没有完全成熟,自我的控制能力和调节能力不强,所以在处理一些复杂问题时,时常会因为自我调节能力或自我控制能力内心不够产生激烈的冲突或者自我怀疑,最终造成大学生心理发展的不平衡和失调,进而影响大学生的心理健康。另外,从外部环境来讲,随着社会竞争的日趋激烈和生活节奏的加快,大学生由学习、生活、就业、恋爱、人际关系等问题所带来的压力越来越大,由此引发的心理问题和心理障碍日益明显。因此,高校开展心理健康教育,提升大学生心理素质,既是思政教育的需要,更是高校人才的培养的基本需求。把一个学生培养成为人才,必须首先把其培养成为一个人格健全的人,而良好的心理素质是评判一个人人格是否健全的基础性指标之一。

我国高校心理健康教育工作,起步于20世纪80年代中期,较发达国家起步较晚,还有一定的差距。但是,在党和政府的高度重视下,我国高校心理健康教育发展迅速并不断壮大。经过多年的探索和实践,心理健康教育从小到大,从弱到强,逐步走向了专业化、科学化、大众化,在缓解大学生心理压力、塑造良好的个性心理、提高大学生适应社会的能力、促进学生全面发展等方面发挥了极其重要的作用。

1. 开展心理健康课程教育

大学生心理素质教育依赖的主要渠道是课程教育,课程教育也是心理素质教育中的关键部分,心理健康教育课程的设置与其他学科的课程设置存在不同之处,心理健康教育是为了让学生形成良好的心理素质,所以进行心理健康教育课程方面的探索与创新是高校心理素质教育的重要任务。

(1)心理健康教育课程的教育理念

课程的教学理念是课程建设的核心,它决定了教学目标、教学内容的建构以及教学方法的选择。建设大学生心理健康教育课程应当遵循的理念主要包括以下方面。

①课程教育的重点是大学生

大学生心理健康教育课程关注的是人，是学生的心理健康。人是课程设计的出发点，理论和知识都是为人服务的，不能本末倒置。关注人的课程价值理念就是要在课程内容设置上，研究大学生的心理发展特点、大学生心理成长发展的需要以及大学生心理发展的困惑，以学生为中心选择课程内容，选取相应的心理学理论；关注人的课程价值理念就是要研究学生喜欢和可以接受的教学方法，使学生真正愿意学、喜欢学，使其学习的内容可以用于自己身上，实现人格的完善和心理的健康发展。

②课程激发大学生主动学习

大学心理健康教育的核心是促进学生了解自己，让学生在原有的基础上变得更加积极主动，投入生活，学会为自己负责，为自己做选择，做决定。学生要做出这样的改变，既不是靠教师的讲授，也不是靠教师从外部的灌输可以完成的，必须经由其由内而外的心理转化才能达到。因此，只有充分重视和尊重学生的内心世界，才能促使其去发现并接受真正的自我，学会为自己负责，并作出适合自我个性的选择。这个过程只有靠激发学生内在的主动性，让其从"要我学"到"我要学"，使他们从单纯接受者的角色转变为学习过程的主体，从接受式学习转变为发现式学习、探究式学习。激发学生的学习欲望，提升学生的学习兴趣，培养学生的创新思维和创新能力，使学生以积极主动的状态参与教学活动。

心理健康教育课程重在关注生命成长，即让心理健康教育课程的学习成为师生人生中一段重要的生命经历，成为其生命中有意义的构成部分。一方面，关注生命不仅要尊重每一位学生，注重让学生在课堂上积极参与，使他们在体验中感悟，在感悟中收获成长，还要在传授心理调节知识和技能的同时，培养学生健全的心智与健康的人格，充分领悟和体验生命的意义和生活的价值；另一方面，课堂教学是教师职业生涯中的重要组成部分，课堂上学生与学生之间的分享、师生之间的互动，学生的疑问和反思都可能成为教师专业成长、情感升华、体验到生命价值的重要契机。心理健康教育课程让课堂焕发生命的活力，成为学生和教师体验生命价值、感受自我成长、进行生命实践的重要舞台,对教师和学生的生命成长都具有重要的意义。

③课程提倡回归现实的生活

心理健康教育课程如果要帮助学生获得更好的心理发展、更好的生命成长,就必须回归生活,在课堂学习时注重理论联系实际,使学生在学习后将所学的理论方法付诸实践,使自己在生活、学习上更适应,拥有幸福感。心理健康教育课程若想回归生活,就要以真实的生活环境为中心设计教学内容和教学活动,通过对大学生在生活实际中遇到的适应问题、人际关系困扰、情绪管理、生命困惑、危机事件等给予指导,帮助学生将所学的心理调适之道应用于生活中,关注生活、体验生活,提升生活品质,成为自己身体健康与心理潜能的开发者。心理健康教育课程回归生活,就要敢于直面学生在心理发展中的热点问题。对于学生提出的热点及敏感话题,不回避,不说教,而是从关爱出发,引导学生讨论,让学生学会为自己、为他人负责,从而正确地作出选择。

第一,课程目标方面。心理健康教育课程致力于人与人、人与自然、人与社会的和谐健康发展,培养学生悦纳自我,热爱生活,积极交往,形成健康向上的情感态度价值观,同时注重大学生一致性与差异性的统一,培养学生尊重彼此的差异性,学会欣赏别人,处理好大学生在生活中的各种人际关系。

第二,课程价值取向方面。心理健康教育课程培养的是热爱生活、接纳自我、身心和谐的人,而不是进行心理学研究的研究者。心理健康与大学生的学习、生活息息相关,是生活中重要的构成要素。通过心理健康教育课程,可以帮助大学生对生活经验进行整理、反思和丰富,在课程生活和整体生活的互动中成为一个身心健康的人。

第三,课程内容方面。在课程内容方面,将大学生在生活中不可避免会遇到的心理困扰及其关注热点引入心理健康课堂,主要包括生活适应、学习适应、情绪管理、人际关系、恋爱与性、珍爱生命、应对挫折、转换生活视角等。心理健康生态课程内容不仅存在于课本中,生活是更广泛的课程内容,心理素质教育课程就是让大学生针对生活中的各种问题,学习心理调适之道,并将所学知识应用于生活实践,从而提高大学生的适应能力,达到人与自然、人与社会的和谐统一。

第四,学习效果评估方面。从学习效果评估方面,分别以自我评估、教师评估、学生评估三种方式对大学生进行评估。学习效果评估不仅要评估大学生对课堂上学到的心理健康知识和心理调适方法的掌握情况，更要重视大学生的知识获取及应用能力，即大学生是否能在日常生活中关注自己和他人身心健康，通过阅读、开展或参与心理素质教育活动等方式提高自己的心理健康水平，以及主动将所学知识应用于生活实践。此外，学习效果评估不仅要评估大学生学习心理素质教育课程的结果，还要关注在整个学习过程中学生参与课堂及课外活动的积极性及态度。

（2）心理健康教育课程的教学方法

教学方法服从于教学目标，是教师为达成教学目标，搭建的教师的教与学生的学之间的桥梁。它不仅涉及教师如何教，也涉及学生如何学和怎样真正学。为使大学生心理健康课程真正帮助学生在学习并掌握心理健康知识的基础上，将其运用于自己的学习生活中，形成良好的心理素质，提高心理发展的技能，就必须改革传统的教师单向向学生灌输理论知识的教学方法，探索新的教学方法，主要包括以下方面。

①多元互动式的课堂教学

互动式教学与传统教学相比，其特点在于互动。从教育学、心理学角度，互动式教学主要包括以下方面。

第一，师生双方自主参与。教育教学的互动中，学生转变以往的接受者身份，变成了自主学习的主体，从"要我学"变成了"我要学"，以往的接受式学习方式改变，变成了自主式学习和探索式学习，此种新的教学方式激发了学生的创新意识和学习的自主意识。因此，在心理健康教育的教学活动中，师生双方都是有意识的、能动的交换者或传递者，都以积极主动的状态参与活动。

第二，师生双方共同参与。相比于传统的教学模式来说，互动式教学模式更加注重"动"态的授课模式，"动"态的教学模式需要教师与学生共同参与教学实践活动，在实践的过程中，做到动手、动脑、动情，让学生更加深刻地感知实践活动中的教学内容，不断内化所学知识，并且能和实践活动结合在一起，实现理论与实践的有机结合，进而提高大学生的实践能力和理解知识的能力。所谓"动"，就是要创设多种教学情境，开展多种教学活动，如师生角色互换、情景模拟、小组讨论、案例分析、游戏活动、课外实践等，它是形式灵活多样的教学手段与教师讲授的综合，是课堂内外的有机结合，它能够促进学生理论和实践的有效结合，培育学生的创新精神，提高实践能力。

②动态生成式的课堂教学

动态生成式教学指的是教师要结合课堂当中学生的实际情况对教学计划进行适当的灵活的调整，以此来满足学生的学习需要、发展需要。在这样的模式下，课堂一直处于动态发展过程中，如果师生想要借助于教学活动实现彼此的成长，那么师生就必须紧密结合在一起，以有机整体的方式参与教学活动。师生应该进行深层次的沟通和对话，通过合作的方式共同完成教学目标，紧密围绕教学目标展开相关的活动。在彼此的影响中推动教学活动的开展。心理健康教育课程观很重视课程的动态生成性，根据大学生实际生活中遇到的问题生成教学内容，通过师生之间的互动、体验与分享，提升大学生的心理保健意识，培养大学生解决家庭生活、学校生活、社会生活中遇到的各种困扰的能力。

动态生成的生态课程观并不是不需要预设成功，即提前备课，只有这养才可以顺利完成教学计划。提前备课是有效教学可以实现的前提，教学活动本身就是有目的的，教师需要在真正开展教学活动之前了解教学任务，对教学任务的完成做科学的设计和思考。只有事先预设教学内容、教学设计，进行备教材、备教案、备学生，才能更好地在课堂发挥教师的主导作用和学生的主体作用，提高教学效率。因此，心理健康教育课程要将动态生成和预设成功有效地结合起来。教师根据大学生在生活中可能会遇到的问题做好充分的预设和充足的准备，这样才能对整个课堂有更强的掌控力；同时，要适时关注课堂生成的新问题、新内容、新方法，体验师生之间、生生之间思维碰撞、心灵沟通、情感隐含的生命活动历程以及随之而来的意外收获。

③体验内化式的课堂教学

大学生心理素质教育课程不是为了让学生记住多少心理学的理论与方法，而是让他们将这些理论和方法内化为自我的认识，再由认识转化为完善自我的行动。当代建构主义倡导的体验式教学为人们提供了一种体验内化的教学方法。体验式教学强调"体验"，即从个人经验中感悟和理解，它既是学习过程，又是学习的结果。体验式教学指教师通过在教学过程中精心设计活动和情境，让学生通过体验、观察、反思、分享、理解和建构知识，提高能力，并把知识运用到现实中去。

建构主义提出学习过程不是将存在于外界的知识吸收进来，而是需要学生从内在的角度自主地进行知识构建，所有的学生都有一定的知识基础，依托于原有的基础，学生可以根据自己的理解进行知识构建。

第一，创设体验情境。创设体验情境是指创设一些情境和活动。大学生心理健康课教学常用的体验活动有冥想、案例分析、心理测试、电影（视频）赏析、心理游戏、角色扮演、心理情景剧等，是设置某一种活动情境让学生参与其中并从中获得经验的过程。

第二，观察反思。观察反思是指学生在情境中感知、观察、体验、思考，这是一个内在发生的过程。学生进入教学情境活动之后，为了让他们对经验有更深的体验，教师对其引导，丰富他们的生命体验，促进其觉察与反思。教师可以就事实和感受两个层面对学生进行引导。教师注重引导学生在互动活动中关注自己和他人的感受和体验。学生就会从对这一具体活动的关注中产生对课程内容的兴趣，继而引起兴趣最终投入到课堂学习中，学生也会把这一具体情境的体验性学习带入生活中的各种情境，从而学会观察生活、观察自己、观察他人、感受自己、感受他人、感受生活，他们会从生活中学习改变与成长。

第三，总结提升。总结提升是将学生所获得的体验、觉察、认识，用心理学的理论来引导思考和分析，形成新的人生经验。总结提升是把以前自己得到和分享交流中获得的片断、零散的新体验、新感受、新认识进行统整、提升、赋予新意义的过程。这个过程很重要，如学生在分享了用表情、动作进行交流时的感受后，总结出了"非语言是人的内心表达""敏锐的观察可以增进人际交往""语言表达可以直接交流，避免误解"。这一阶段可以采用学生的自我总结、学生团体总结和教师总结的方式。

2. 建设心理健康活动体系

（1）心理健康教育活动的设计原则

如何使高校心理健康教育活动开展得更有效，使活动更能切合大学生的心理特点，满足大学生的心理成长需要，发挥心理健康教育的功能，教师在设计及实施心理健康教育活动时注意以下原则。

第一，活动设计的开放性原则。心理健康教育活动的开放性表现在以下两个方面：形式上的开放性，在形式上，心理健康教育活动可以向不同的对象开放，尽可能地将能够促进大学生心理素质提升的资源整合起来；内容上的开放性，内容上的开放是指在设计活动时要善于从学生的学习、生活实践中选材。

第二，活动设计的主体性原则。心理健康教育活动的目的是提升学生的心理素质，是以学生为主体的，在设计及实施心理健康教育活动时，一定要尊重学生主体的需要，主要表现在以下方面。

活动内容设计贴近学生需求。在设计活动内容的时候，应该充分考虑学生的身心发展特点，发展学生的心理素质应该以他们现有的身心发展水平为基点。并且，每个学生都具有个体差异性，每个学生的思维方式和认知方式都不同，不同的影响因素导致不同的行为方式和习惯。所以，在组织开展心理健康教育活动的过程中，应该充分考虑学生的差异性和阶段性。只有符合学生的身心发展特点的活动才能调动他们的参与性和主动性。

充分调动学生积极参与活动。充分调动学生参与活动的独立性、能动性和创造性，让每一位学生都成为活动的积极参与者。在活动过程中，教师只能起指导作用，不能包办代答。要防止两种倾向：一是对活动插手过多，学生失去了自主性，只能按教师意图行事，最终失去对活动的兴趣；二是将活动看成学生自己的事，袖手旁观，听之任之，这实质上是一种不负责任的表现。教师既要确定学生在活动中的主体地位，又不能放弃自己的主导作用。

第三，活动设计的有效性原则。为了使活动有效，在设计心理健康教育活动时，一方面，要能针对学生的实际来设计活动。例如，针对刚入学的大学生，开展新生班级辅导活动，促进学生更快融入大学校园；另一方面，设计时要考虑所设计活动的可操作性。为此，要注意活动规模不宜太大，活动节奏要适度，如针对失恋者的团体辅导应以 8～10 人的小团体连续多次的活动为宜；新生班级辅导则可以在几十人的班级中开展，并且一次 2 个小时的活动就会收到较好效果。

第四，活动设计的系统性原则。学生心理素质的提升不是可以轻易实现的，是一个系统工程。在设计心理健康教育活动时，要注意内容的系统性，使单个活动组成系列活动，具有指向集中、主题鲜明、内容丰富的特点，从而使全体学生都受到深刻的心理健康教育，也注重学生知、情、意、行诸方面的全面发展。例如，在入学时开展新生班级辅导活动；在大二、大三时开展自我探索、确定职业发展的活动；在大四时开展求职辅导，使学生适应社会的活动。

（2）心理健康教育活动的类别划分

①根据活动人群范围划分

第一，个人层面开展活动。在个人层面开展的心理健康教育活动主要是面向个体开展的，注重个体在活动中的体验及参与，旨在增强个体的心理健康意识，加深个体对自我的认识、理解和接纳，提升心理适应能力，如心理专题讲座、现场心理咨询、心理测试、心理电影赏析、心理读书会、心理对对碰、微博短故事征集大赛等活动。

第二，宿舍层面开展活动。宿舍是大学生学习、生活、休息、社交的重要场所，在塑造大学生的个性以及促进心理健康发展的过程中，以宿舍为单位组织开展活动，不仅可以缓解和减少宿舍之间的冲突和矛盾，促进宿舍成员之间的理解和接纳，还可以营造温馨和睦的宿舍氛围，增强归属感，从而促进个体情绪管理能力、人际交往能力等心理素质的提升。在宿舍层面开展的心理健康教育活动主要有幸福宿舍评比、宿舍团体活动、宿舍心理微电影等活动。

第三，班级层面开展活动。大学中的班级是大学生活的基本单位，是学校、学院开展工作的终端，是大学生共同学习、共同生活的基础，因此在班级中开展心理健康教育活动可以促进班级凝聚力的提升，增强同学的归属感，促进个体情绪管理能力、人际交往能力等心理素质的提升。在班级层面开展的心理健康教育活动主要有心理班会、班级心理健康知识竞赛、优秀班级活动评选等。

第四，校园层面开展活动。校园文化是一种社会亚文化，是社会文化的有机组成部分，校园文化具有育人功能、导向功能、娱乐功能和辐射功能。心理素质教育活动是高校校园文化的重要组成部分。在全校层面开展心理健康教育宣传及实践活动对于构建良好的心理生态环境非常重要：一方面，充分利用报刊、网络、电台、电视等宣传手段，在全校宣传心理健康知识，营造积极、健康的文化氛围；另一方面，在全校层面开展心理素质拓展、心理情景剧表演、心理团体辅导等活动，营造特定的校园心理氛围与环境，由于渗透面广，这能够让更多的学生了解、知晓心理健康理念，让学生在有意或无意中受到教育，对学生积极心态的形成、乐观向上生活态度的培养以及和谐人际关系的建立，都产生着综合影响。高校日常的心理健康知识的普及宣传教育都营造一种良好的校园心理文化氛围，帮助学生健康成长。

②根据活动组织时间划分

第一，日常性心理健康教育活动。日常性的心理健康教育活动指不受时间限制，高校开展的心理健康教育宣传活动，主要有心理报刊、心理橱窗、心理网页的宣传，心理讲座、团体辅导活动、各种志愿者活动的开展等，这些活动没有时间限制，根据学生需要随时开展。日常性的心理健康教育活动可以随时让学生学习到心理健康知识，起到对学生的心理教育不断重复、不断强化的作用，日积月累，润物无声，学生们逐渐增长了心理健康意识，学会关心自我和他人的心理健康，学会了自助与助人。

第二，集中性心理健康教育活动。集中性的心理健康教育活动指高校在限定的时间内，集中组织的系列心理素质教育活动。集中性健康教育活动的好处是能够形成一种宣传教育的强大影响力，如果在同一时间段内进行丰富多彩的心理教育活动，能够引起学生更大的关注，引发学生积极参与的兴趣。

③根据教育途径划分

从教育的途径来划分，心理健康教育的宣传活动可分为实体的宣传教育活动和网络宣传教育。

实体的宣传教育途径包括创办心理健康教育宣传报刊、心理宣传橱窗、电视、广播等。各高校都有自己的心理健康教育宣传刊物或报纸。这些报纸或刊物一般都由学生自己编写，内容主要是宣传心理健康知识，介绍大学生心理调节的方法、大学生常见的心理问题、心理危机识别知识等。由于这些刊物或报纸由同学自己编写，内容贴近大学生的心理需求，编写形式图文并茂，很受大学生的欢迎。宣传橱窗、学校电视和广播则是宣传心理健康知识的重要渠道。

网络宣传包括学校或大学生心理社团建立的心理健康网站或网页，可以进行心理沟通的微博、手机微信平台，学校可以通过这些网络媒体宣传心理健康知识，搭建同学心理沟通平台，疏导大学生的情绪，发展健康心理。随着现代网络技术的发展，网络由于具有快捷性和方便性的特点，被大学生喜爱和广泛使用，运用网络途径进行心理宣传教育也成为高校广泛采用的教育形式。

④根据活动形式划分

在实践中，高校教师和大学生们创新了许多高校心理素质教育活动形式，主要包括以下方面。

第一，心理素质拓展训练。素质拓展训练借助于拓展训练的设施，借助于素质拓展培训师的引领，与此同时还要在素质拓展训练当中使用团体心理辅导技术、素质训练技术，在此基础上，为学生设计有一定挑战难度、有一定探索难度的活动项目，在项目完成的过程中，学生的素质就能够得到拓展。学生们在训练中通过体验式的培训，激发潜能、提高团体的凝聚力；学会了相互信任、分享情感、与人合作和相处；学习认识自我和接纳自我，提升了自信；学习解决问题和正确决策的技巧，学会承担责任；开发了个人潜能，增强了领导思维和协调意识。总之，素质拓展训练让学生在轻松快乐的氛围中提升了心理素质。

第二，心理讲座。心理讲座是高校常用、最普遍的心理素质活动。心理讲座的组织一般是由教师调查大学生们的需求，根据学生的需要邀请校内外专家就大学生最关注的话题讲解相关的心理健康知识，对学生的心理发展进行指导。例如，大学生自信心的培养、大学生的人际沟通与人际交往、大学生的情绪管理、大学生的恋爱心理等。此外，也会有心理危机的识别与预防等专题。许多高校都有"心理大讲堂"活动，每月举办一次专家讲座。

第三，心理健康知识竞赛。心理健康知识竞赛是普及心理健康知识的一项活动。这项活动的重点并不在于比赛的结果，而是学生们在准备比赛过程中学习心理健康知识。在比赛前，教师把大学生应知应会的心理健康知识和最常用的心理调节方法编制成小册，发给同学学习，如心理健康的标准、认识自我的方法、情绪的种类和情绪调节的方法、人际交往的作用和人际交往的原则和方法等。在此基础上，编写出竞赛题目。通常竞赛题分为基本知识理解题和实际应用题，其中实际应用题是让学生运用心理学的理论与方法解决大学生常见的心理问题。实际应用题既考查了他们对心理调节方法的掌握，也让他们学会用这些方法帮助自己和他人维护心理健康。

心理健康知识竞赛题中还会有大学生常见的心理疾病与心理危机的识别及心理危机预防干预程序，以普及心理危机预防干预知识。通常竞赛中也会有一些宣传学校心理咨询机构的题目，如学校心理咨询中心所在的位置、电话等。让同学知晓这些信息，学会主动运用学校心理咨询的资源，从而帮助自己和同学心理成长。在学生充分学习、准备的基础上，再举行初赛、复赛和决赛，比赛的过程是进一步强化对心理健康知识学习的过程。心理健康知识竞赛是一项集学习、竞争、趣味为一体的普及心理健康知识的活动,大学生参与热情很高,这成为各高校大学生心理素质教育的传统活动。

第四,团体辅导活动。团体辅导活动是以活动为载体,通过在团体活动中团体成员的互动,加强成员对活动的观察了解,让成员在体验过程中对自我有更深的认知,不断地理解自我、接受自我,通过团体活动,成员和其他人之间的关系能够得到有效调整,成员可以更好地适应新的环境、新的生活。团队辅导活动的作用是将活动作为情境,让学生在参与活动中获得体验、感悟、理解,从而达到心理成长目的。活动本身的趣味性、新鲜感能够吸引学生参加,激发他们积极参加的兴趣。参与游戏的过程中,学生们远离了成人式逻辑思维,回到了自然状态,凭兴趣、直觉去行动,可以进入无意识状态,从而能认识自己内心真实的需要和自己的心理特点,从而对自己有更深入的了解。

学生们在共同参与活动的互动中,又会通过对别人的观察、了解,透过别人的反馈,学习别人的积极品质和能力,完善自己的不足,获得自我的完善和提升。团体辅导活动可用于各种主题的心理健康教育。教师要有意识、有目的、有计划地选择、设计、构建适合于教育目的、教育内容的活动。例如,自我认识、人际交往、情绪管理、压力管理、生命教育等。这些活动中蕴含着心理教育的内容,学生们在参与中能够通过对自我和他人的观察和体验,对自己和他人有新认识,从而调整自己的行为,实现自我完善、自我成长。

团体辅导活动不是为了仅用活动来使学生放松和快乐,它的主要目的是让学生通过活动的方式更好地理解和掌握心理健康知识,获得心理的成长。因此,团体辅导活动的带领教师起着重要的作用。因此,在带领团体辅导活动时,教师自己首先要准备好,保持自身的心理健康,还要具备团体辅导的技能。这些技能既包括对心理学理论和知识本身掌握和运用的技能,也包括团体辅导所要求的独特技能。

第二章 高校思政教育的发展现状

随着高等教育改革的深化发展，高校思政教育工作迈进新时期，在保持一贯传统之外，呈现出了新特点。另外，传统的高校思政教育工作也面临着诸多新挑战与新问题。本章主要分析高校思政教育的发展现状，主要有三个方面的内容，依次是高校思政教育的时代背景、高校思政教育发展的现状分析、高校思政教育面临的新机遇与新挑战。

第一节 高校思政教育的时代背景

一、经济全球化

（一）高度的流动性和开放性

随着人才流、信息流、物流、资本流在世界范围内的广泛传播，世界上越来越多的国家和地区，秉持开放的心态，逐渐涌入经济全球化的洪流。经济全球化的浪潮对发达国家、发展中国家乃至落后的国家都产生了不同程度的影响。

（二）高度的渗透性和互补性

高度的渗透性和互补性主要体现为人才流、物流、信息流、资本流和知识流的时空约束减少、成本降低及资源互补，发达国家开始向发展中国家渗透资本、技术、文化等，发展中国家也开始向发达国家输入一些能源资源和劳动力等。在全球市场中，资本、知识、资源等配置日益合理，使世界经济一体化的特征得以呈现。经济全球化使世界各国经济的相互依赖性得到了很大程度的增强，这不仅可以更好地在资本、知识和资源等方面促进不同国家和地区互补，还可以实现全球经济的迅猛发展。

（三）高度的集约性和垄断性

这一特点主要表现在跨国公司以及国际金融机构对世界经济产生了深远影响。由于一些跨国公司具有相对较广的经营领域，并且也涉及相对较多的业务，其销售额甚至有时会大于或等于一个中等发达国家的国内生产总值。这些公司的经济活动、经营范围和企业宗旨的变化都会在很大程度上影响整个世界的经济。金融危机就是在这种情况下爆发的，先由一个局部范围内的经济动作改变一个地区的经济形势，进而向其他国家进行蔓延，最后在世界范围内形成巨大的冲击力与影响力。中国加入世界贸易组织后，大部分世界500强中的跨国公司都涌入我国，并将大量的资金、先进的管理技术带到我国，解决了我国劳动力就业和大学生就业问题。

二、体制市场化

市场化导致经济成分和经济利益的多样化，经济成分和经济利益的多样化又导致社会阶层的多样化。社会阶层的多样化也会产生多样化的生活方式、行为方式和思想观念。

（一）中国经济市场化成果丰硕

我国经济市场化改革在各个方面都取得了重大的成果。党的二十大报告提出："坚持社会主义市场经济改革方向""构建高水平社会主义市场经济体制"[1]。贯彻落实党的二十大精神，必须持续推进市场化改革，构建高水平社会主义市场经济体制，进一步激发市场活力和发展动力。在对改革进行全面深化的重要时期，不仅要使国家的宏观调控有所减少，还要减少政府在资源配置中的作用，着力市场的作用。

（二）促进了社会结构的多样化

21世纪是我国社会主义市场经济发展的关键时期，在建立社会主义市场经济体制的基础之上进一步深化改革，并不断完善社会主义市场经济体制，是发展我

---

[1] 新华社. 习近平：高举中国特色社会主义伟大旗帜 为全面建设社会主义现代化国家而团结奋斗——在中国共产党第二十次全国代表大会上的报告[EB/OL].（2022-10-25）[2023-07-11].https://www.gov.cn/xinwen/2022-10/25/content_5721685.htm.

国经济和改革经济体制不可动摇的方向。社会主义市场经济的发展，在很大程度上解放和发展了生产力，促进了社会结构的多样化，使经济领域充满了生机与活力，使竞争、效率、平等、开放等意识深入人心，但是由于市场经济自身的缺陷和我国经济体制改革中存在的问题，又有一些与市场经济相伴而生的不良现象出现，在一定程度上影响了高校思政教育工作。

三、文化多样化

（一）主文化、亚文化以及负面文化的共存

文化的多样化首先表现在主文化、亚文化以及负面文化在文化市场中的共存上。所谓主文化，即在社会中占据主导地位的文化，使一国的根本价值观得到了充分体现。所谓亚文化，即在整个社会中不占据主要地位，只在特殊群体中受到推崇的文化，体现了在社会转型加速期社会价值观念的分化。所谓负面文化，即完全不同于主文化的文化，并且这一文化也不能对人们的日常生活起积极作用。

（二）传统文化、西方文化以及先进文化共同发展

不仅国内各种文化的共存体现了文化的多样化，国内外多种文化共同发展的特征也体现了文化的多样化。当代中国的先进文化，是在对我国传统的优秀文化进行继承和发扬的基础上，始终代表最广大人民群众的根本利益的文化，是坚持马克思主义指导思想的文化。当然，在我国发展先进文化的过程中，不可避免地会摒弃我国传统文化中的消极部分，并且还要积极吸收国外优秀文化，从而更好地发展我国的先进文化。

如今，文化的多样化不仅极大地丰富了社会文化的内容，也在很大程度上满足了人们对精神文化不同层次、不同类别的需求。在一部分人看来，文化多样化在一定程度上冲击了他们的价值观，尤其是对那些不具备完善的价值观念的大学生而言，随着文化的快速发展，他们很难形成科学的人生观和价值观，这也给高校的思政教育带来了很大的挑战。

第二节 高校思政教育发展的现状分析

一、高校思政教育的宏观现状

（一）高校思政教育载体研究起步晚

20 世纪 90 年代初期，我国才着手研究高校思政教育的载体。在 20 世纪 90 年代末期才出现与高校思政教育载体相关的专著教材。与国内相比，从 20 世纪 80 年代末开始，美国就开始尝试利用各种教育手段来构建全新的高校思政教育模式。相比于我国的高校，美国高校更加重视培养高校学生的道德品质，在高校开设了各种诚信教育课程、专业与道德课程，以此来更好地提高学生的道德水平。在日本，关于高校思政教育的相关工作，将道德教育视为主要内容，从 20 世纪 80 年代开始，日本将思政教育的重点放在了爱国主义教育上。

（二）高校思政教育相关研究文献少

在国外，有关高校思政教育方面的研究大多是间接研究，不是直接以"高校学生思政教育"命名的。实际上，西方通过各种隐性课程来开展思政教育，比如宗教信仰、政治社会化等手段，还将思政教育渗透到各种媒体中，通过各种载体来进行思政教育。这就在一定程度上使独特的高校思政教育体系得以形成，且收获了显著的成效。在国内，在中国知网上以"微时代背景下高校思政教育载体"为题进行检索，从 2000 年至今仅有相关文献 100 多篇，可以从整体上看出有关高校思政教育载体的研究文献较少。

现有的研究大多数只涉及单方面的研究。例如，研究以"微博"为载体进行的高校思政教育，这方面的研究力图以微博这一新媒体为载体来使高校思政教育的时效性得到有效提升。或者，有些研究以"微公益"为载体来呼吁高校学生多参加公益活动，将"微公益"作为高校思政教育的新载体。这些研究整体来看都显得过于单薄，需要将多个单方面的研究统一成有机整体，从而从更深的层次对高校思政教育载体的整体体系进行构建。

综上所述，高校思政教育的载体要与实践密切联系，要不断对那些与高校思政教育载体相关的研究进行创新。现有的关于高校思政教育载体的资料大多是当前背景下的研究成果，由于时代在不断变化，社会环境在不断更新，只有不断对与高校思政教育载体方面相关的理论进行创新，才能更好地促进高校思政教育的实效性有效提升。

二、高校思政教育的微观现状

（一）评价反馈系统不完备

我国暂时还没有一个完善的道德教育评价系统，目前的道德教育评价主体是教育主管部门，由教育主管部门围绕着学校进行道德评估。然而，这种方式下的道德评估，并不能适应新媒体环境下的道德教育评价，主要存在以下问题。

1. 忽视了思政教育的社会效益

思政教育评估主要是教育主管部门通过思政教育的方式进行，社会和家庭很少参与，同时也忽视了社会道德风尚的引领，无法对文化建设产生的影响作出相应的评价。因此，只顾及经济利益，忽视了社会效益。又由于家庭和社会不参与评价，导致思政教育与社会和家庭教育脱节，使得教育责任完全落在在学校身上，很多学校难以承受思政教育的压力，使思政教育难以取得预期的效果。

2. 忽视了虚拟空间的思政教育

教育行政部门对高校思政教育的开展情况比较关注，但却对新媒体空间的思政教育发展有所忽视，或仅将新媒体作为思政教育的渠道，没有将两者相结合。没有重视虚拟空间在思政教育中的重要性，视其为一个可有可无的部分，直接导致学校忽视了虚拟空间的思政教育。

学校开展思政教育工作只注重比较显而易见的成果，如学生成绩、宿舍卫生情况等，忽视了隐性、虚拟空间中的思政教育，这些问题直接影响了从事基层学生工作的辅导员，使他们缺乏建设思政教育网站、思政教育博客的意识，无法使新媒体在思政教育中发挥重要作用。

3. 忽视了可实施性思政教育评价体系建设

虽然新媒体对学生思政教育的作用越来越大，但是在高校学生道德教育方面，其评价标准和方法相对滞后，教育评价不成体系，缺乏科学性与可实施性，在教育评价方法的选用上，还处于片面利用新媒体影响力的状态，这些均阻碍了思政教育评价有效性的发挥。

（二）新媒体的管理机制不健全

随着新媒体技术的迅猛发展，每个人都成为"自媒体"，他们在网络中都可以通过文字或者视频的形式，来发表自己对于各种问题的看法、观点。新媒体创造了一个全世界都可以共享信息与交流的平台，不需要经过任何部门同意，这就使得对新媒体的监管很困难。

再加上我国的新媒体管理，不管是在管理体制方面，还是在管理机制方面，均还不健全，政府对于新媒体的管制权利不集中，新媒体管理的政策与新媒体的发展不同步，侧重于信息的整治和安全，轻视对新媒体的推动，这就与新媒体的整体价值不符。这些存在于新媒体管理机制中的问题，不仅制约了新媒体的发展，还不利于以新媒体为媒介开展思政教育。

（三）思政教育的队伍建设尚未成熟

新媒体环境下的思政教育队伍应该由政府、社会网站、企事业单位三种机构组成，其中政府包括教育、宣传等部门，企事业单位包括新媒体企事业单位和学校。然而，不论在综合素养方面，还是在运用新媒体这一载体进行思政教育方面，这三支队伍都没能跟上新媒体的发展速度。

1. 社会网站轻思政教育重商业利益

社会网站更注重商业利益，甚至个别网站为了经济利益还会发布各种不利于思政教育的信息。尽管社会网站具有较强的影响力，然而自觉进行思政教育的宣传意识较弱，对学生产生了消极影响。

2. 思政教育工作者高素质、低信息化水平

政府中的教育、宣传等部门人员和高校的思政教育工作者尽管素质较高，但是他们对于新媒体并不是很熟悉，信息化水平低，无法在思政教育中对新媒体进行很好的运用，有些教育者甚至还会排斥新媒体的应用。再加上对于教育行政部门和高校思政教育工作者新媒体应用的培训力度较小，使得他们对于新媒体的应用还不熟练，无法适应新媒体环境下的思政教育。综合来看，懂信息技术的人却

不具备较高的政治素养，有思政教育经验的人信息技术水平却不高，这就对新媒体空间下的思政教育发展产生了严重的阻碍。

3. 国家和政府忽视对新媒体的引导

由于新媒体与传统媒体不同，它的发布不需要经过有关部门的许可，这就导致新媒体传播的信息正误掺杂，新媒体舆论的多元化造成社会舆论过于分散，没有一个明确的舆论导向。新媒体朝着正确的方向发展依赖于政府的引导，这就需要建立一支新媒体舆论引导队伍，但是目前这一队伍的建设还没有得到重视，以至于新媒体还处于缺乏引导的自发状态，既没有走向自觉状态，也没有走向常态化状态。国家和政府对舆论事件进行的管理与制约，大多都是在事发之后，才采取相应的措施进行干预，这对新媒体的发展起到了阻碍。

（四）指导理念和社会发展不平衡

传统思政教育的教育理念在如今的社会中已经不能适用，在如今的新媒体时代难以取得更好的效果，原因如下。

（1）传统的思政教育理念对学生而言，是一个被动学习知识的过程，是以灌输知识的方式来实现的。利用这种方式虽然能够获得一定的效果，但是新媒体时代是开放的，如今的社会价值观是多元的，在这个变化极快的社会中如果强调一元主导，不吸收借鉴其他民族的优秀文化很可能会引起学生的逆反心理。不兼容并包可能会导致学生对思政教育产生"假大空"的印象，造成思政教育脱离学生的生活实际，在很大程度上降低了思政教育的效果。

（2）新媒体是开放的，使用者多项互动，具有高度的自主性和灵活性。在思政教育实践中，由于教师掌握了较多的资料和教学资源，再加上教师在教学中具有教育主导性，导致教师在教育中出现占据绝对主导地位的现象，进而忽视学生的学习感受，忽视学生的主体性，这就会极大地影响教育效果。

教师和学生在新媒体环境中都是教育活动的主体。从教育资源来看，两者是等同的，在教育方式上逐渐转向了多向交流，教师与学生是两个平等交流的主体。

（3）思政教育的内容与我国社会发展是不同步的。新媒体的广泛传播使我国的社会伦理逐渐向现代化发展，然而思政教育指导没有随着新媒体环境的变化作出相应改变，仍然强调传统的思政教育内容和形式，忽视了与新环境下的公民伦理道德教育的结合。这种现象导致了我国思政教育和社会伦理道德教育二者发展的不协调，使思政教育很难达到理想效果。

（五）思政教育模式与现代环境不统一

我国现有的思政教育模式存在许多问题，从整体来看，思政教育模式不是一个统一的整体，学校思政教育与社会、家庭相脱节，现实思政教育和虚拟空间的思政教育相脱节，学校、社会、家庭和学生的自我教育相脱节。在新媒体环境下，这种脱节表现得更为明显，削弱了思政教育的效果。产生这种现象的原因就是思政教育模式自身存在问题，思政教育没有形成学校、社会、家庭、学生自我相互联系的一个整体。虽然新媒体打破了地域、时空的限制，一方面，新媒体使得信息传播更为便捷、迅速；另一方面，新媒体既在很大程度上方便了思政教育信息的传播，又使思政教育主体的参与变得更加容易，但是目前的思政教育模式与新媒体的发展要求还存在比较远的距离，思政教育模式还无法适应新媒体的发展。具体表现如下。

1. 学校思政教育与社会的脱节

新媒体的多元化使得社会情况更加复杂，新媒体的发展促进了文化的相互沟通，使社会的道德观呈现出多元化趋势。学校的思政教育有时与社会脱节，目标的设置没有以学生的实际水平为根据，有的目标设置过高，使学生失去信心。内容上枯燥乏味，使一些学生对道德教育有所抵制，从而对思政教育的效果产生不利影响。

2. 现实思政教育与虚拟空间思政教育的脱节

在内容、形式上现实思政教育和虚拟空间的思政教育都存在各顾各的现象，注重两者中的任何一者都会影响思政教育的整体效果，所以要同步进行现实思政教育和虚拟思政教育。

3. 思政教育中学校、社会、家庭与学生脱节

由于存在这种脱节状态，导致大多数情况下的学校思政教育都是独自进行的，学校思政教育缺乏与社会的结合，缺乏与家庭的结合，缺乏与学生自身的结合，自然不能更好地发挥思政教育作用。

（六）思政教育不符合社会传播要求

社会的变革，传播环境的不同，相应的思政教育内容、方式、途径也随之改

变，只有这样才能使教育效果得到保障。但是，从当前新媒体传播规律角度来看，思政教育不符合社会传播要求，主要有以下几种表现。

1. 对新媒体的道德问题界定不明确

一些教育者缺乏对新媒体虚拟空间道德问题的真正认识，这就导致无法确立正确的道德教育观。网络世界虽然是虚拟的，但并不意味着网络世界可以脱离现实世界独立存在。其实，网络的运行必须与国家的制度、文化等相符合。虚拟的世界也是客观存在的，是现实社会的一种延展，新媒体伦理道德不仅是一种意识形态，还是一种客观存在，不以人的意志为转移，但是相关思政教育工作者在教育实践中，忽视了虚拟空间的道德，没有将其与现实道德相结合。

2. 新媒体空间的思政教育内容尚需开拓

新媒体的发展，不仅使思政教育的方式发生了改变，更为重要的是还改变了思政教育的内容。应对传统思政教育内容进行更新与扩展，基于已有的教育内容，增加与新媒体时代发展等方面相适应的内容，如在传统的思政理论课等课程的基础之上，增加信息素养教育等方面的教育内容。在我国的思政教育范畴中，思政理论课在其中仍占有很大的比例，但是新增的新媒体文明教育、新媒体道德修养等也会对高校学生产生很大影响，新媒体的思政教育内容应该得到全面扩展。

3. 不能准确把握新媒体道德教育的特点

事实上，新媒体道德是一种自主自律型的道德。从虚拟世界的角度看新媒体道德，直面的批评等难以进行，那么个体的自我约束就更加重要。现代社会要求人们的道德约束方式向自律转变。新媒体道德是一种开放的道德体系，自由、开放是新媒体空间的特点，这就使新媒体汇集了不同的文化、不同的道德观念、不同的行为方式，它们相互碰撞，在冲突中融合，既呈现出一种多元的态势，又呈现出一种开放的态势。道德教育只对学生表面的行为加以重视，却忽视了对学生深层道德观念的教育，忽视了学生价值观念的引导，使得道德教育难以深入学生心中。

4. 新媒体空间的思政教育缺乏互动

传播途径的多样化并不代表思政教育工作取得了更大的成效。思政教育工作者在运用新媒体时，主要还是以网络课程、专题学习网站等诸如此类的信息传播为主要的教育方式，但是这些教育方式并没有加强教师与学生之间的交流互动。

新媒体确实为师生交流带来了极大的便利，但只将网络局限于传播信息、发布信息，而忽视了互动，这在很大程度上阻碍了新媒体空间思政教育的发展。

（七）新媒体对思政教育的影响

新媒体会在很大程度上影响高校的思政教育，主要是影响思政教育环境、高校学生群体和思政教育工作者。影响既有积极的一面，又有消极的一面，要客观对待新媒体带来的影响，扩大积极影响，克服消极影响，分析产生消极影响的原因，并努力解决问题。这些都是高校思政教育工作者应当担负的职责。针对当前新媒体对高校思政教育消极影响的成因进行分析，可以从以下几个方面入手。

1. 思政教育的话语失效

话语传播严重滞后导致思政教育的话语失效。目前，高校思政教育话语失效的一个重要表现便是话语传播手段的滞后。话语传播手段的严重滞后在很大程度上挑战了高校思政教育者的话语权威性，由于他们的话语不能起到一定的规范作用，所以出现了各种各样的消极因素。

2. 思政教育的成效不高

思政教育在其内容结构方面，还不甚完善，与新媒体的发展还存在较大差距，这是造成思政教育成效不高的一个重要原因。针对思政教育内容结构不完善所带来的消极因素，作为高校思政教育工作者，应注意以下事项。

首先，尽管在思政教育方面强调政治性，但是不能将思政教育等同于政治教育，思政教育不能忽视德育，不能脱离现实生活。其次，虽然思政教育强调以知识为本，但不能忽视对人才的塑造。再次，在教育对象方面，思政教育应注重个体差异。最后，在教育内容方面，思政教育应注重统一性和规范性，展现出教育内容的丰富性和生动性。

新媒体时代的到来，由于信息的复杂性和思想的多元化、资源的高度共享性都交织在一起，这就迫切需要优化高校思政教育的内容和结构。内容的优化不等于完全否定以前，标新立异，而是要在继承传统的基础上发展，要与新媒体时代的特征紧密结合，通过创新高校思政教育的内容，使高校学生可以对思政教育方面的内容更加深入理解。

3. 思政教育的实效性障碍

思维的单一封闭导致思政教育存在实效性障碍。思维有广义和狭义之分，广义的思维包括逻辑思维和形象思维，体现了事物的本质和运行规律。狭义的思维专指逻辑思维。高校思政教育工作者采用传统的教育方式，这就导致他们的思维是单向甚至封闭的，但在特殊的年代这种闭塞的思政教育起到了很大的作用，尽管现在看来这种方式存在诸多缺点。新媒体的广泛应用创造了一个全新、开放的世界——网络世界，这一世界的出现使得人们的思维方式发生了较大的转变。然而，一些高校思政教育工作者仍然受以前的闭塞社会的影响，他们的思维仍旧是封闭的，习惯于用传统的思维来看待这个全新的新媒体社会。尽管他们花费了许多时间及精力，但是仍旧没有收到很好的效果。新媒体的融合性对许多人固守的封闭思维方式产生了极大的冲击，促使他们思维的变革。高校思政教育者在新媒体时代逐渐意识到，在分析和解决大学生思想道德方面的问题时，不能仅从单一的方面去对问题进行思考，要从多个维度思考和研究。只有这样才能更好地进行思政教育，实现思政教育的既定目的和要求。

4. 思政教育的整体效应无法发挥

现行载体乏力导致无法充分发挥思政教育的整体效应。任何教育都需要借助一定的载体才能发挥作用，载体同样也是高校进行思政教育的条件之一。新媒体技术不断地更新、发展，高校仍旧采取以前的载体进行思政教育就会十分低效，这就产生了许多消极影响。一方面，在新媒体时代，信息的传递更为方便、快捷，这就使得教育者和受教育者处于同一个"信息平台"，使教育者的权威性和影响力降低。另一方面，新媒体时代也有更多的载体产生，单一、以课堂教育为主要载体的形式已经脱离了社会发展的要求。出现这种现象表明，现行教育载体乏力是高校思政教育成效不高的主要原因，单一的载体无法与高校思政教育的需要相适应。高校思政教育的载体改革刻不容缓，这就要求高校思政教育工作者针对学生在新媒体环境下出现的实际情况来进行改革，并根据实际情况综合运用多种载体，通过载体间的相互配合和相互协调来形成全方位的思政教育合力。

5. 思政教育面临着巨大的挑战

在新媒体时代，传统的高校思政教育模式正面临着严峻的挑战。一方面，传统模式仍然在运行，并发挥着一定作用，但其地位在逐渐降低。另一方面，新媒体发展迅猛，它的覆盖范围广，传播速度快，是社会舆论的放大镜，也是意识形态较量的战场，新媒体也在很大程度上影响了学生。社会上越来越多的信息影响着高校学生的价值观，高校学生涉世不深，难以从鱼龙混杂的信息中辨别好的信息，个别人甚至会在不良信息的引导下误入歧途。

教育模式的陈旧产生了许多消极影响，这就表明建立符合高校思政教育发展需要的全新教育模式是十分必要的。高校思政教育工作者也需要顺应时代的发展，及时更新思政教育观念，不断学习新媒体技术，探索教育新模式，增强思政教育的影响力，努力提升自身素质以适应高校思政教育发展的新要求。

第三节 高校思政教育面临的新机遇与新挑战

一、高校思政教育面临的新机遇

（一）高校思政教育的新变革

高校思政教育正在经历一系列全面的变革。过去的教育观念注重个人独立，现在的教育观念更强调团体合作。在教育过程中，传统的教学方法是师生单向交流的传授模式，现代的教学方法则是师生之间建立了双向交流的互动关系。过去的教育内容相对单一，现代教育则更加注重多样性。经过对大数据时代的诸多特征进行剖析，我们进一步深入研究了高校思政教育的新改革，以更好地促进它的创新和发展。

1. 教育内容由单一化变为多样化

积极促进教师教育教学和育人服务水平提升，重点关注高校辅导员队伍的建设。除了思政理论课教师在课堂内外传授和引导学生，高校的思政教育也需要充分发挥辅导员在理论教育和价值观引领方面的重要作用。

在传统高校中，思想政治教育的授课内容受到一定限制，授课内容包括了道德法律、近代历史、马克思主义基本原理以及中国特色社会主义理论四门课程。这些课程的授课工作是教师们的主要工作方向。教学仍然以课本教材为核心，并且教育内容的呈现方式相对单一。辅导员的日常工作主要集中在处理学生的常规事务、加强党团建设以及应对突发事件。辅导员的工作职责比较专注于特定领域。

数据时代的到来，高校学生可以更加方便地获得数据信息。他们能够通过互联网和手机应用来及时获取国内外新闻和其他社会热点事件的最新情况。此外，使用社交媒体，他们能够记录自己的心路历程和行为趋势。根据2017年新修订的《普通高等学校辅导员队伍建设规定》，确定了辅导员的职责范围。尤其值得注意的是，在这些职责中，思想理论教育和价值引领成为重中之重。目前，思政理论课的教师正在逐渐调整自己的教学方式，不再局限于纯理论教学，开始是将教学内容拓展至更为广泛的社会生活领域，从而提高教学效果。他们还利用大数据展示思政教育方面的主题，如关于生命观、消费观、幸福观、生态观和道德观等的内容，从而增强这些主题的可信度与科学性。总之，高校思政教育的内容正不断地变得更加多样化，随着时间的推移趋势更趋明显。

2. 教育理念由传统独享变为现代共享

传统思政教育是教师主导的说教方式，在大数据时代，教育变得更开放，教师与学生共同参与，实现知识共享。在这个背景下，教育方式更加互动、平等，有助于提高学生的积极性和主动性，培养他们的独立思考能力。教师不再是知识的传递者，而是引导者和伙伴，与学生共同探索、成长。这种教育模式有利于激发学生的兴趣和潜能，培养适应时代发展的综合素质人才。

随着新媒体和教育的不断发展，网络公开课这种共享型的教育理念作为新时代的产物逐渐受到大众热捧。

第一，网络公开课能够让大众不分时间地点，不受身份年龄制约，平等享受世界名校的教育资源，是资源共享的表现。

第二，网络公开课脱离了传统意义上固定时间地点的课堂，学生可以自由选择感兴趣的课程，教师也可以与学生平等交流，激发了学生在以往课堂上失去的创造力。

第三，一些优质网络公开课学习平台，如网易云课堂等不断发展壮大，利用大数据平台把各类教育资源上传网络，为众多热爱学习者提供选择和服务。

大数据时代的网络互通让世界各个国家顶尖大学的课程传播开来，2012年，美国高校建立的Coursera、Udacity、Edx三大网络学习平台逐步兴起，这标志着慕课这种大规模在线开放课程发展迅速。2013年，清华大学、北京大学、香港中文大学先后与三大公开课供应商签订合作条约，我国名校的网络课程传往全球。近年来，国内其他高校也开始尝试慕课和翻转课堂等新型模式，教育理念已经发生巨大变化。

3.教育主客体关系由单向传授变为双向互动

尽管强调实行民主激励，即让受教育者积极参与重要议题的决策、管理和监督上级领导人等，强化其主人翁意识，但多数高校在思政教育方面仍然依赖思政理论课的教学，不够注重其他实践探索方面的探索。过去没有大数据的时候，教育的中心是教师，教师主导着教学过程，学生则处于被动的接受状态。教师通常专注于教学质量，对个体学生的关注却少，这会限制学生的学习动力。

主体原则在思政教育中具有重要意义，其要点在于激发受教育者的内在自我教育能力，以达到全面发展。在当前大数据时代，思政理论课的老师和辅导员可以运用手机应用程序即时追踪大学生的各种信息，并且大学生可以通过平台与老师进行快速沟通。另外，教师可以提前整理学生们遇到的难题，然后在课堂上快速解答和讲解，从而增强课堂效率。现今，大学生有机会接触各种网络课程，甚至可以参加国外知名大学的公开课，这些资源都是在线学习的好处之一。这种学习方式允许学生和教师之间进行双向互动，与过去单向传授的教学模式完全不同。因此，利用大数据技术可以显著改善教育中的主客体关系，从教师单向传授转变为教师和学生之间的即时互动，共同发挥作用。

（二）大数据对高校思政教育效果的改善

在网络信息技术蓬勃发展的背景下，大数据已经成为当今时代的新现象。利用大数据技术可以显著提升高校思政教育的成效。利用大量数据，思政工作者可以获得更多素材，从而提高高校思政教育的效果，让受教育者更具有主动性。

1.提供素材

随着互联网在社会中越来越流行，人们日益依赖互联网和一些新媒体。他们利用网络参与各种娱乐活动，听取专家讲座，预约交通工具，进行移动支付以及线上购物等。网络已经对人们的生活方式产生了深远和显著的影响，引起了重大的变革。在线记录的大量数据信息可以揭示出人们真实的内心世界，如他们的社交行为、消费习惯等，通过这些信息可以了解到他们的情绪变化、兴趣偏好以及价值取向等重要的个人信息。网络上记录的大学生活动可以被用作思政工作的丰富素材，有效提升了思想政治教育的效果，这起到了至关重要的推动作用。

第一，大数据时代的兴起，高等教育机构的信息技术中心日渐完善，越来越多的设施被引进并积累了大量信息资源，这也为高校的思政教育提供了丰富的素材与资源，可供从事思政工作的人员进行借鉴与应用。对于思政课教师而言，使用多媒体课件在大数据时代变得更加普遍，这种方式可以提高教师课堂的效率。除了能够用直观的方式呈现需要讲解的知识体系和结构外，还可以利用图片、动画、音频和视频等相关社会事件的展示来增加课堂的趣味性，激发大学生学习的主动性和积极性。

第二，教师可以利用有影响力的社会新闻事件来引导以大学生为主的讨论课，并开展相关的课后实践活动，以满足大学生感兴趣和积极参与的热点话题。这种实践方法可以帮助学生通过现实生活中的事件来理解并探索思想政治理论，激发他们的学习热情。

第三，高校普遍使用的校园卡不仅可管理学生学籍和身份认证，还可记录学生在图书馆借阅、基本日常消费等方面的信息。这种多功能的智能管理方式为高校思想政治教育提供了充足的素材。人民日报微信公众号发表的一篇文章讲述了大学如何利用一卡通消费数据来帮助贫困学生，这证明了大数据在高校思政教育中的重要作用。它不仅提供了技术支持，也展现了人文关怀。此文涉及南京理工大学的一个案例，该校通过研究学生用餐卡的方式，每月为每位学生充值一定金额，以确保其能够在食堂内正常用餐。具体的充值金额根据每月平均用餐 60 次、每餐平均不到 7 元的标准进行计算。电子科技大学有一个系统，专门记录学生的消费，记录了他们的饮食、购买水果、日用品，以及每个学期使用学校班车的次数等详细信息。系统将综合学生的勤工俭学、奖学金和家庭财务情况等因素，并加以综合评估，最终产生资助学生名单。这些例子展示了高校对学生的关心，突显了教育的人性化理念，同时也证明了大数据在提升教育服务效率方面的至关重要性。利用大数据的分析和应用，我们能够以前所未有的量化方式看待生活。这样的方法避免了因个人偏见或抽样错误带来的误差，通过更深入的利用大数据技术，解决大学生在学习和生活中所遇到的实际问题，进而提升高校思政教育的科学性。

2. 增强针对性

将大数据技术与高校的思政理论课相结合，可以提高课程的针对性。高校可以应用大数据技术来集中分析学生的各项数据，从而更加全面、客观地了解大学生的思想状况。这样就能够协助思政课老师及时调整教学内容，以提高思政教育的适应性，满足不同学生的发展需求。

第一，在我国的高校里，信息技术中心已被广泛地设立。这些中心可以利用后台监控系统追踪大学生的学习情况，监控内容包括出席率、考试成绩、观看在线视频的频率和时长，以及参与热门话题讨论的活跃程度和建设性。高校思政课教师不仅能够教授数据信息方面的知识，同时能够灵活应对教学环境和学生特点，做到因人而异、因地制宜的授课。

第二，大数据时代的到来，网络环境变得更加自由，高校的信息中心向辅导员和其他思政工作者提供了开放的权限，他们可以使用现今流行的软件，如今日校园和学习通等来获取有益的数据信息。这些信息能够协助思政教育工作者更加全面地了解每个学生的思想状况、个性特质和能力水平等方面，以此更好地实施思想政治教育。针对性格内向、比较安静的学生，可以提供参与绘画和书法创作等艺术活动的机会，以此加深他们对共产党员在战争年代中所表现出的强烈爱国情感的理解和体验。如果学生比较活跃、好交际，对不同的事情都很感兴趣，教师可以激励他们去排演一些短剧、小品或制作微视频。在这个过程中，他们可以尝试琢磨剧本和表演技巧，同时感受到团队精神和共产党员坚定的信念和意志力。在艺术学院，学生们有机会表演唱红歌、军歌和参与大合唱，还可以演奏乐器，深入挖掘音乐作品背后的真实故事，领悟老一辈革命军人所具备的高尚精神。有一些学生在表达方面特别突出，擅长展现自己，可以通过创建个人课件，在课堂上与同学分享自己的学习心得。高校思政教育的重要意义在于提供各种适合每位学生的实践活动，以促进他们的成长和锻炼。

第三，提高高校思政教育的精准度，意味着加强针对不同学生群体的教育，有效提升教育的针对性。2017年教育部发布的《高校思政工作质量提升工程实施纲要》指出，需要注重精细化施策，确保以问题为导向。需要集中精力处理重要任务，同时重视关注特定人群，关注有重大意义的领域，增强在关键区域的建设，加强薄弱环节，发挥长处，弥补不足，因材施教，进行分类指导，以此不断提高教师和学生的成就感和满意度。

3. 提升主体性

高校利用大数据分析和预测功能，综合考虑行政部门、管理部门、学院、教师和学生等多方面因素，对思政理论课的主客观评价进行了综合分析。结合定性和定量的方法,对内容和过程进行评价,可以增强评价结果的客观性以及提高被广泛接受的可能性。在高校中,学生是网络使用者的主要人群,他们可以利用网络获取信息、交流社交、以及进行各种娱乐活动。随着大数据时代的到来,新媒体已经成为广大高校师生不可或缺的信息传播和交流平台,它不仅方便快捷,还可以实现即时互动,满足不同个性需求,促进信息和知识的传递。高校的思政教育任务不仅在于传授知识,也需引导大学生在自我教育中发挥主观能动性,让他们拥有自我学习的能力。

第一,教师利用大数据可以智能且轻松地管理日常工作,并且提升学生的学习效果。这样做可以在一定程度上减轻教师面对繁琐的工作任务所带来的压力。另外,允许学生自主使用手机终端进行操作,可以激发他们参与日常事务管理工作的意识。今日校园手机应用程序提供了多种便利的线上功能,如请假销假、成绩单查看、失物招领、校内调查问卷、校园卡余额查询和班车时间查询等,方便快捷。除此之外,该应用还可供大学生使用,内置网易公开课及其它在线教育资源,为用户提供便捷服务,帮助他们及时解决生活和求学中遇到的各类问题。与传统的校园广播、校园电视台和校报相比,微信公众号的使用成本更低,传播范围更广,时效性更强。同时,微信公众号在大学生中非常受欢迎,具有很强的参与性。考虑到当前高校思政教育的实际需求,微信公众号所具备的这些优势非常适应大数据时代的背景。许多大学的图书馆都在微信平台上创建了多用途的公众号,在该平台学生可以自主操作,不仅可以预订座位、查找书籍、提出书籍购买建议、续借等,还可以查看他们自己的借阅记录和历史。

第二,教师可以通过学习通等手机软件在上课开始前收集归纳学生提出的问题,在教学课程结束后教师同样可以根据课堂上的学生学习情况布置与之相匹配的课后练习,针对学生对书本知识的学习情况来确定相匹配的学习方式。随着学校机房的开放和电脑平板的普及,学生们拥有了更多的机会来提升自我。他们充分利用课余时间,在课前制作精美的课件,并以小组的形式在课堂上进行讲解。这些小组不仅分享了他们的知识总结和学习心得,还通过展示内容锻炼了自己的表达能力。

第三,教师可以通过鼓励学生进行实践活动,如拍摄微视频记录校园里社会主义核心价值观的落实情况,或者去学校食堂做志愿服务,来提高学生的自主性和高校思政教育的效果。在期末考核评价时，教师考虑学生参与这些实践活动的情况。

互联网的特性，如开放性、协作性、平等性和共享性，已经改变了传统的知识传播模式。在这样一个新时代背景下，高校拥有无比丰富的资源和工具，可以运用大数据技术精准地分析学生的需求和兴趣，将社会主义核心价值观更深入、更广泛地融入大学生的日常生活中。同时，引导大学生坚定政治信仰，将个人成长与国家发展相结合，是高校在新时代的重要使命。高校要通过各种途径和方式，帮助大学生们理解国家的需要、理解社会的期待，让他们明白自己的成长与国家的发展是紧密相连的，从而激发他们的责任感和使命感。实现中华民族伟大复兴的历史使命，需要我们每一个人的共同努力。大学生是国家的未来、是民族的希望，他们的思想观念、他们的行动决定着国家的未来、决定着民族的命运。因此，高校必须以马克思主义为指导，借助大数据技术等现代科技手段，创新教育方式和方法，实现社会主义核心价值观的生活化和形象化传播，培养大学生坚定的政治信仰，为中华民族伟大复兴的历史使命贡献力量。

4. 提升科学性

随着信息技术不断进步，大数据已成为预测和解决问题的重要手段。利用大数据，高校能提升思政教育时效，构建更规范、全面、协调的服务管理体系，促进大学生全面发展。

第一，高等院校中的思政教育老师可以在大数据技术的帮助下，通过互联网特定平台中大数据模型的数据显示，了解和总结近年来新增的时政热点，不断更新自己的课程教材。另外，思政教师还可以通过探索网络大数据来了解当今世界学术前沿，从而知道当今思政教育中的空白部分和缺点。教师必须增强自身理论研究意识和发现问题的本领，不遗余力地为思政教育进步作出自己的贡献。

第二，通过对大数据的灵活运用，高校思政教育的工作做到了明确分工。大数据技术在大学生思政教育中的应用，能够实现各部门协同合作，将教育落实到每个环节和每位工作者。通过大数据分析，可以深入了解学生的思想动态和行为习惯，为教育提供科学依据。同时，大数据技术还可以实现教育资源的优化配置，提高教育效果。此外，大数据技术还可以实现教育过程的精细化管理，提高教育质量。

第三，大数据时代的到来，为高校的决策提供了强大的支持。首先，大数据收集和分析大学生的行为数据，为预测大学生思想行为发展趋势提供了有力依据。其次，辅导员、思政理论课教师和其他行政部门的工作人员根据线上大学生的信息反馈，可以不断优化工作机制，更好地服务于大学生。最后，创新思政教育方法，以数据为依托，提高培育人才的科学性，使教育更加精准有效。

二、高校思政教育面临的新挑战

（一）思维挑战

大数据带来了思维方式的变革，对高校思政教育产生影响。一方面，高校师生缺乏大数据意识；另一方面，过度依赖数据。

1. 大数据意识缺乏

（1）高校教师传统观念较强

我国大部分高校的思政教育工作者具有文史类学科背景，这使得他们在理论基础和政治修养上具有优势。然而，与此同时，他们普遍缺乏理科的理性思维，这在一定程度上限制了他们在思政教育领域的深度和广度。

此外，部分思政工作者观念较为传统，对网络信息持有偏见。他们认为网络信息的良莠不齐，对大学生有不利影响，这种观点在一定程度上影响了他们对现代思政教育手段的接受程度。

另一方面，部分资深教师不愿接受新鲜事物，数据驱动的思政教育意识不强。这使得他们在面对新的教育技术和手段时，显得保守和犹豫，无法充分发挥数据驱动的教育优势。

（2）高校思政教育工作者缺乏对应用大数据的研究和思考

多媒体课件的普及虽然改变了高校思政教育的教学手段和方法，但并未从根本上改变其内容。有关知识结构和教学目标的整合较少，大数据的使用也仅停留在基础教学方法的改变上。然而，大部分高校思政理论课教师并未真正将大数据用于实践，缺乏对大数据技术与高校思政教育融合发展方法模式的深入研究和思考。

2. 对大数据的绝对依赖

高校在运用大数据提升思政教育精准度和科学性时，需注意避免数据独裁和数据滥用。过度依赖数据可能导致忽视价值理性，而过度重视工具理性。因此，人类应在实践活动和认识活动中保持批判分析，关注大数据带来的利益同时，不忘人性的世界。实践中，应追求效益，同时关注公平、正义等价值观念。高校应平衡大数据技术与价值理性，确保思政教育的健康发展。

在大数据时代，网络的发达和电子设备的完善，推动了高校思政教育的发展，实现了对学生的精准了解和高效引导。然而，工具理性的泛滥和价值理性的缺失，使得教师过度依赖数据，忽视了学生的感性体验，从而导致教育误差的产生。

一是，大数据在思政教育中的应用确实可以为教育者提供更科学、更客观的决策依据，提高教育工作的精准度和效率。然而，过度依赖大数据可能会对思政教育产生负面影响。过度依赖大数据可能导致教育者忽视对大学生的感性关怀。大数据虽然可以提供大量的信息和数据，但无法代替人与人之间的情感交流和感性认知。在思政教育中，情感关怀和感性认知同样重要，它是建立信任和沟通的基础。如果过度依赖数据，可能会忽视学生的情感需求，导致教育者与学生之间的距离增加。过度利用大数据可能会陷入唯数据主义。一些教育者认为数据可以解决思政工作中的所有问题，从而忽视对事物的感性认知。这种唯数据主义的做法可能会导致教育者对数据的解读出现偏差，甚至产生错误的教育决策。例如，部分大学生并未充分重视心理普测的重要性，不认真填写，导致收集到的数据失去真实性和可靠性。高校辅导员依据心理普测结果筛选潜在心理健康问题学生并进行谈话。若过分依赖大数据，教育者在教学管理过程中可能忽视自身理性思维与辨别能力，从而影响思政教育成效。

二是，高校信息中心的数据模型虽然在管理学生方面具有一定的便利性，但过于明确的划分可能导致学生被贴上标签，产生刻板印象。这种标签化不仅使学生因不良记录受到歧视和区别对待，还会导致不公正的评价和产生较大的心理压力，不利于他们的未来发展。

（二）技术挑战

大数据时代为高校思政教育带来了诸多挑战，提升技术应用能力、转变思维方式、保护隐私与信息安全等是关键。只有克服这些挑战，才能更好地发挥大数据在思政教育中的优势，提高教育质量。

1. 数据收集与数据存储的困难

大数据时代的到来，使得信息来源广泛且复杂，其价值不确定性高，且高价值信息分散。互联网的快速发展为社会经济创造了海量数据，同时也带来了数据收集和存储的挑战。为了实现数据的高效利用，我们需要找到合适的方法来应对这个挑战。数据的增长扩展了我们的记录、测量和分析范围，也推动了知识的边界向前延伸。在高校思政教育中，我们需要重点收集大学生的基本数据、教师信息、教育内容信息以及教学反馈等，以实现教育目标的精确化和优化。

（1）大多数的思政教育工作者的教育想法还停留在传统的课堂授课加上少量实践活动的模式里，他们对各项教育数据都不是很敏感。高校的数据库系统在传统观念的影响下很难扩展补充，受教育的学生在校内期间所参加的各项社团、实践活动、课堂讲授等都应该以电子信息的形式录入到高校的数据库中，但这些因受传统思维观念的影响一直难以落实，不利于思政教育运用和推广。

（2）教育理念是高校思维意识的重要支柱，大数据应用在此扮演着关键角色。然而，高校在硬件设备和软件应用方面存在诸多挑战。首先，大部分高校缺乏运用大数据所需的硬件设备和技术支持。当前，大部分高校所使用的应用程序由开发团队单独开发，导致信息共享较差，功能单一。其次，现有的数据储存能力无法满足种类繁多且飞速增长的数据需求。尤其在高校中，每分每秒都在产生数据信息，传统的数据库难以有效储存各种结构化和非结构化的数据。为应对这些挑战，思政教育工作者需变革数据的集成思路。未来，我国高校应加大对大数据技术的投入，提升硬件设备水平，加强软件应用开发与共享，以实现教育理念的升级转型。同时，培养具备大数据分析能力的教育人才，将大数据应用于教育实践，助力我国高校迈向更高水平。

（3）高校及其内部部门之间的信息孤岛现象，阻碍了数据的共享，从而影响了大学生行为分析和大数据在思政教育中的运用。为了促进大数据与高校思政教育的深度融合，必须强化信息共享和数据库共建。

2. 数据分析与数据处理的问题

数据分析是连接信息收集和处理的重要环节，具有承上启下的关键作用。唯有通过深度分析，我们才能从纷繁复杂的资料中挖掘出内在的关联，揭示出人类思维和行为的本质特征。

（1）数据繁多挖掘难度大，分析耗时影响时效性

处理大学生思想行为数据信息的过程，即运用大数据技术对大学生进行思想政治教育，期望对其思想与行为产生积极影响。然而，随着数据规模的增长，分析处理所需时间也在增加，导致难以及时挖掘数据潜在价值。换言之，缺乏时效性会在一定程度上降低高校思政教育的效果。

（2）高校缺乏大数据平台和足够的技术支撑

人们分析数据的目的是探索事物发展的规律，预测未来的发展趋势。这需要通过建立模型等方法来挖掘数据的潜在价值和数据之间的相互关系。然而，目前我国高校的思想政治工作者仅将大数据视为工具箱和资料库，使用方式单一，没有充分发挥大数据在分析和管理学生的主导作用。这主要是因为缺乏强大的技术支持。

（3）数据处理结果可视化程度不够

高校思政教育的主要对象是大学生，因此为了激发学生对思政理论课的兴趣并提升教育的实效性，必须以独特且吸引人的方式展示数据分析处理的结果。尽管各个领域和学科专业已经开始利用直观的图片、影像等展示数据处理结果，但高校思政教育的数据可视化程度仍较低，这降低制约了思政教育的效果和发展。

（三）伦理挑战

随着大数据为人们带来精准便利的服务，数据独裁所引发的隐私威胁也日益严重，引发了诸多大数据伦理问题。大学生的个人隐私和人身财产安全面临威胁，如果没有完善的规章制度进行管理，后果将不堪设想。

1. 冲击大学生价值观

面对大数据时代的海量信息，高校大学生难免会受到消极负面价值观的影响。他们正处于塑造三观的关键阶段，思维活跃，乐于接受新事物，思想行为具有很高的可塑性。

高校大学生身处大数据时代，信息爆炸带来了便利，却也引发了挑战。自控能力较弱的他们在海量信息中容易感到焦虑和烦躁。大数据的开放性让他们自由获取和产生信息，但同时也容易被碎片化的文化、思想观点和价值观影响，进而产生消极观念，迷失人生目标和理想，减弱责任感。信息传播的多元性和便捷性加剧了负面信息的消极影响，使得部分大学生在价值选择和取向方面感到困惑，

甚至对本国意识形态产生不认同感。因此，我们亟须关注大学生在大数据时代的心理健康和价值观培养，帮助他们保持理性和自信，在信息爆炸的环境中作出明智抉择。

2. 威胁大学生个人隐私

高校思政教育应用大数据技术，能深入了解和预测大学生思想状况与发展趋势，促进教育模式和方法改革。但同时，需关注公开数据与个人隐私之间的界限问题。

（1）个人信息高度透明化，隐私和自由受到威胁

大学生信息高度透明，大数据时代思政教育旨在全面掌握学生情况，实现精准教育。学生的消费、学习、操作等数据被完整记录并长期保存，如餐厅消费、图书馆学习时长、实验室操作时长等。这亦意味着隐私泄露风险。

（2）给当事人带来较大心理压力

患有身体疾病、残疾或特殊个人习惯的来源对象，其被记录的隐私信息通常不希望被广泛传播，如果全部个人信息被公之于众，可能会对当事人造成巨大的心理压力。在当今时代，大数据技术使我们的生活更加便捷，但同时也带来了个人隐私保护与思政教育责任之间的界限模糊问题。思政教育工作者在开展工作的过程中，需要确保信息的安全，防止泄露和滥用。尤其是在大学校园中，大数据技术的广泛应用使得大学生隐私泄露的风险加大。一方面，思政教育工作者要充分认识到保护学生隐私的重要性。在开展思政教育时，要尊重学生的隐私权，不能将学生的个人信息泄露给第三方，也不能滥用学生提供的信息。同时，要加强对学生的网络安全教育，提高他们的信息保护意识。另一方面，思政教育工作者还需关注大数据时代的信息滥用问题。随着数据的积累和分析，一些不法分子可能通过技术手段窃取和滥用学生的个人信息，给学生带来严重的困扰。因此，思政教育工作者要与相关部门密切合作，加强对大数据技术的监管，确保学生的隐私得到有效保护。

（3）数据泄漏影响大学生的人身财产安全

大学生热衷于在网络上分享生活，不经意间公开了个人生活环境、私人物品及常去地点等数据。这些信息若被不法分子搜集整理，可能还原个人生活轨迹和经济状况，从而对人身财产安全构成威胁。

第三章 高校思政教育实践路径

传统的高校思政教育工作主要通过课堂、报告会或者报纸、杂志等形式完成的。如今随着互联网技术的发展与普及，新颖的高校思政教育手段不断涌现。本章为高校思政教育实践路径研究，分别从高校思政教育实践机制建设、高校思政教育具体实践路径两个方面展开。

第一节 高校思政教育实践机制建设

一、高校学生思政教育实践的原则

（一）重视融合主体性与主导性

思政教育在高校学生价值引导中，发挥着主体性强化的重要作用。提升思政教育主体的自觉性，有助于引导学生树立正确价值观，并增强他们的主体意识。另一方面，思政教育的自发秩序对学生价值引导也有影响，它在一定程度上冲击了学生的主体性。因此，高校、政府和社会在进行价值引导时，必须尊重学生的主体性，并发挥他们的能动作用。

高校学生通过自我觉醒，主动接受积极影响，自主构建符合国家和社会发展需求的价值观，这一过程被称为主体性。主导性则是指引导者通过多种方式，将符合国家和社会发展要求的主流价值观转化为学生的自觉行动实践。

高校学生思政教育价值引导，是一个复杂而重要的系统工程。首先，我们需要明确，这个体系的有效运行，离不开高校、政府和社会的共同努力。这三者如同三驾马车，必须协同共进，才能确保教育价值引导的顺利进行。在这个过程中，主导性起着关键作用，它像一只无形的手，为教育价值引导提供良好的外部环境和支持。主导性通过传递价值引导内容，引导学生在复杂的社会环境中找到正确的方向。然而，我们不能忽视内因的作用，那就是主体性。主体性是学生自身的力量，它在主导性的作用下形成和发展。主体性是学生自我教育的动力，是价值引导能够深入人心的重要保障。只有当主体性得到充分发挥，我们才能说主导性的功效得到了实现，教育的价值引导目标才得以达成。那么，如何才能发挥主体性呢？关键在于自我反省、反思和修养，通过这些方式，学生可以提高自己的价值判断和选择能力，从而在复杂的社会环境中，作出符合自己价值观的正确选择。这就是价值引导的最终目的，也是主导性作用的最终体现。在思政教育价值引导中，学生的主体性发挥具有重要意义。只有当学生的主体性得到充分发挥，才能真正实现教育的价值引导目标。因此，我们必须重视学生的主体性，创造有利条件，让其在价值引导中发挥积极作用。

保持主体性和主导性的一致性很重要。要重视外部引导，同时也要注重自我内省自修的引导，关键是要充分发挥高校、政府和社会的主导作用。杜威说"教育即指导"[1]，高校、政府和社会必须以正确的价值观为指导，武装学生的头脑，增强他们的价值判断和选择能力。这需要构建一个以价值观为核心的教育体系，将思政教育与专业知识教育相结合，为学生提供全面的素质教育。在教育过程中，要对思政教育中的合理内容进行正面引导，使之更具时代性、针对性和实效性。同时，对偏差内容要及时纠偏，确保教育的正确方向。教育者应发挥学生主体性，以平等互动的方式，充当价值引导活动的组织者、促进者和合作者。因材施教，针对学生的特点和需求，提高价值引导的针对性、有效性。例如，邀请道德模范、校外专家进行教学，以丰富多样的形式激发学生的道德素养。同时，开放价值引导内容，使之来源于学生的社会实践活动，激发学生的参与积极性，实现价值引导主体性与主导性的统一。在教育过程中，教师要关注学生的个性化发展，注重培养学生的创新精神和实践能力。鼓励学生参与各类实践活动，如志愿服务、社团活动等，以提高他们的社会责任感。通过实践，让学生在实际行动中体验价值观，实现价值引导的内化。

（二）坚持开放性与规范性相统一

高校学生获取信息渠道多样，接触内容多元、开放，要解决思政教育内容开

---

[1] [美]杜威（Dewey, J.）著；王承绪译.民主主义与教育[M].北京：人民教育出版社，1990：26.

放性与高校学生价值引导视野有限性反差问题需坚持"变"与"不变"的方法论，在保持价值引导内容规范的前提下，突出内容的开放性，即高校、政府及社会要坚持开放性与规范性相统一。

所谓开放性是一定的社会意识形态总是与其他社会的各种思想并存、渗透，高校学生思政教育中接触的思想不可能整齐划一，高校学生价值引导的内容是开放的。所谓规范性是指高校学生价值引导内容要具有方向性，它需要反映社会的主导价值倾向。高校学生价值引导不能在开放、多样化的价值引导内容中迷失方向。

高校学生思政教育价值引导内容的开放性包括两个方面：价值引导内容选择的多样性和根据思政教育活动类型增强价值引导内容的灵活性。首先，在内容选择上，应注重多样性，包括经典著作阅读中的优秀传统文化、红色文化，以及社会实践活动中的团结、友爱、奉献精神等。这些内容有助于培养学生的爱国主义情怀、社会责任感和道德修养。其次，根据思政教育活动类型增强内容灵活性，深入了解和掌握不同高校学生思政教育内容，进行有针对性的引导。例如，可以通过主题班会、讲座、社会实践等形式，将思政教育内容与学生的实际生活相结合，提高学生的参与度和接受度。高校学生思政教育价值引导内容的开放性，应注重内容的多样性和灵活性，以提高学生的思想道德素质，培养德智体美全面发展的社会主义建设者和接班人。

高校学生思政教育应以维护社会主义意识形态主导地位为核心，坚持爱国主义、集体主义、社会主义为主要内容的主旋律价值引导，强化高校学生的马克思主义信仰，激励其积极投身社会主义现代化建设。具体措施包括：（1）加强高校思想政治理论课的建设，提高教学质量，使高校学生充分了解中国特色社会主义理论和党的基本路线、方针、政策，增强对中国特色社会主义的道路自信、理论自信、制度自信和文化自信。（2）加强高校学生爱国主义教育，引导他们热爱祖国、热爱人民、热爱社会主义事业，树立正确的历史观、民族观、国家观和文化观。（3）加强高校学生集体主义教育，引导他们树立团队精神，培养他们的社会责任感和奉献精神，使他们能够积极参与社会主义现代化建设。（4）加强对高校学生的社会主义教育，引导他们树立正确的价值观、人生观和世界观，坚定马克思主义信仰，为实现中华民族伟大复兴的中国梦而努力奋斗。（5）加强高校学生社会实践教育，引导他们深入社会、了解国情、增长才干，为投身社会主义现代化建设打下坚实的基础。坚持开放性与规范性相统一的原则，有两个方面的要求：一方面，要在坚持价值引导内容规范性的前提下提倡开放性。高校、政府及社会在进行价值引导内容选择时，要确保规范性，这是方向。坚持规范性是为了使价值引导开放内容更具有针对性和准确性；另一方面，要坚持价值引导内容开放性中的主导性。当今时代是信息技术迅速发展的时代，信息具有海量性，高校学生思政教育价值引导内容选择余地越来越大，值得注意的是，开放性内容的选择是为了更好地体现规范性。

（三）尊重和综合各类价值引导

思政教育渠道多元凸显高校学生价值引导方法相对滞后，这就需要高校、政府及社会转变价值引导方法，在创新价值引导方法的同时坚持多样性与统一性相统一的原则，也就是尊重和综合各类价值引导方法。

所谓多样性是指高校学生在思政教育中，价值引导的方法是多样的。线下的课外阅读活动、文艺类活动、社团活动、志愿服务活动、社会实践调研、社区服务活动、假期兼职，线上的阅读活动、公益活动、观影活动、网络社团活动、网络游戏等，都可用来进行高校学生思政教育价值引导。所谓统一性是指尊重高校学生思政教育价值引导方法的差异，并实现多种价值引导方法相结合，使其共同服务于高校学生思政教育价值引导的目标，确保高校学生思政教育价值引导的思想性、价值性和合理性。

综合各类价值引导方法的要求可以概括为两点：统一性与多样性。首先，价值引导方法的统一性是必要的。多样性的价值引导方法可以提高大学生学习的灵活性、针对性和丰富性，但它们并非孤立存在。只有将它们统一起来，包容彼此的差异，才能最大限度地实现高校学生思政教育价值引导的效果。这种统一性可以确保大学生思政教育价值引导的思想性、价值性和合理性，共同服务于高校学生思政教育价值引导的目标。其次，价值引导方法的统一性不能抹杀多样性。尽管需要统一，但多样化的方法仍然受到尊重和包容。这意味着高校学生思政教育价值引导方法应满足不同层次学生群体的个性化需求，从而提高针对性和有效性。

尊重和综合各类价值引导方法，需做好以下两点：首先，通过整合大数据、人工智能和区块链等技术，高等院校政府及社会可以开发出一套智能价值引导系统。该系统可以实时分析学生的行为和思想动态，为他们提供个性化的价值引导方案。同时，通过区块链技术，可以确保学生数据的安全和隐私。此外，利用人工智能技术，可以实现价值理性与工具理性的有效结合，使高校学生价值观引导更具活力。其次，综合运用多种价值引导方法：为了更好地实现高校学生思政教育价值引导目标，高等院校政府及社会需要综合运用多种价值引导方法。第一，可以利用课堂教学，通过生动的案例和深入的讨论，引导学生树立正确的价值观。第二，可以组织社会实践活动，让学生亲身体验社会的复杂性和多样性，培养他们的社会责任感和公民意识。第三，可以利用网络平台，通过线上课程、互动游戏等方式，引导学生自主学习，提高他们的道德修养。

（四）切实做好疏导防范工作

新的历史方位下，思政教育场域带给高校学生价值引导潜在风险，这就需要高校、政府及社会做好疏导和防范工作，即坚持疏导性与防范性相统一的原则，从而引导高校学生树立正确的价值观，为国家和社会发展服务。

疏导性即疏通、引导。疏通是放手让高校学生将各种想法和意见表达出来，引导者通过观察研究做出引导方案；引导是在疏通的基础上对具有正确价值导向的想法和意见给予肯定和支持，对具有错误价值导向的想法和意见通过民主、平等讨论、说服教育、批评与自我批评的方法将其转化为积极的因素。防范性是指通过一系列的手段净化高校学生思政教育场域环境，清除带有错误价值导向的内容，避免高校学生在思政教育场域中被错误价值观误导。

高校学生思政教育应关注心理，进行价值疏导。面对价值困惑，要以问题为导向，引导学生正面思考。教育者要关心学生情感，以平等对话方式，帮助他们树立正确价值观。同时，教育技巧至关重要，需注意疏导时机与方式，以理服人。

在新时代背景下，高校学生思政教育不仅要注重知识传授，更要关注学生心理健康和价值观引导。教育者要善于发现学生心中的困惑，以问题为导向，针对性地进行价值疏导。例如，针对大学生普遍关注的就业、人生意义等问题，教育者要引导学生从正面去思考，帮助他们树立正确的人生观、价值观。情感关怀在思政教育中同样重要。教育者要与学生建立平等对话的关系，关心他们的情感需求，以真诚、关爱的心态引导学生。通过倾听学生的心声，理解他们的困惑，帮助他们化解心理压力，从而使他们更容易接受价值观念的引导。在教育过程中，教育者要善于运用技巧艺术。循循善诱，让学生在愉悦的氛围中接受教育。注意疏导时机与方式，避免生硬的说教，而是要寓教于乐，使学生在不知不觉中接受正确价值观的熏陶。

总之，高校学生思政教育要关注学生心理，进行价值疏导；以问题为导向，引导学生正面思考；注重情感关怀，建立平等对话关系；善于运用教育技巧，让学生在愉悦的氛围中接受教育。如此，方能培养出具有正确价值观、全面发展的新一代大学生。

（五）厘清显性教育与隐性教育关系

显性教育是有意识、直接、公开地传递价值观念的教育方式，而隐性教育则是通过创设环境和文化氛围，间接地引导学生接受价值观念。

显性教育和隐性教育是辩证统一的，既相互独立又相互影响。在进行高校学生思政教育价值引导时，需要充分发挥两者的作用，实现优势互补，提高思政教育的效果和质量。

一是显性教育是与我国思想文化、社会制度以及教学资源相适应的价值引导方式，它能把握方向、管大局。高校学生在泛在的思政教育中会接触到多元的价值观，容易产生价值冲突，无法分清是非、善恶、美丑的界限，这就需要发挥显性教育的主导作用。

二是要利用好思政教育的广泛性做好隐性教育。隐性教育不具备系统性，其方法是隐蔽的，发挥着"润物细无声"的作用。隐性教育的过程是融入社会生活生产实践中的，主张"做中学"的过程。隐性教育的资源是泛在的，校园文化、家风、各类建筑等都是隐性教育资源。思政教育的方法多样、内容开放、场域多元，蕴含着诸多隐性教育资源。中国古代思想家重视"身教示范"的德育作用，实际上强调日常生活、人际交往等对人的思想行为的影响。社会认知论也认为个体有替代性学习（观察学习）的能力，个体若看到与自身相似的个体通过持续的努力获得成功，他会相信当自身处于类似的活动情境时也能获得同样的成就水平。为此，高校、政府及社会要善于挖掘思政教育中有关价值引导的隐性教育资源，净化思政教育的物质环境和精神环境，通过隐性教育进行高校学生思政教育价值引导。

三是显性教育要融入思政教育中有关隐性教育的方法、资源。勤工助学、校外考察参观、志愿服务、义工活动等思政教育方法都属于隐性教育的方法，高校学生的网络自主学习场域、社会实践活动场域以及休闲兴趣场域存在诸多隐性教育资源。为此，显性教育要吸收高校学生思政教育中有关的隐性教育方法、资源，从而消解高校学生思政教育场域的价值问题，引导高校学生树立正确的价值观。

二、高校思政教育价值引导实践机制

要引导高校学生树立正确的价值观需高校、政府及社会采用自律与他律相结合的培养机制、知识与价值相结合的学习机制、多路径与同向行相结合的互动机制、回应问题与正面引导相结合的宣传机制以及日常生活与严肃主题相结合的实践机制。

（一）培养机制方面自律与他律相结合

思政教育主体的自觉性能增强高校学生价值引导的主体性，在进行高校学生价值引导时，要充分运用好高校学生的自觉性，通过自律增强高校学生的价值认知、价值认同和价值内化。思政教育自发性秩序冲击了高校学生价值引导的主体性，这就需要通过他律深化高校学生的价值认知、认同和内化，即高校、政府及社会要采用自律与他律相结合的培养机制进行高校学生思政教育价值引导。

自律对于价值引导具有重要作用。中国古代思想家也主张通过"慎独"以及"吾日三省吾身"等自律的形式增强个体的道德修养。在高校学生思政教育活动中，主体的自觉性决定了其能够根据国家和社会发展的要求和自身发展的需求，有目的、有计划地对自我进行调控，这为高校学生的自律提供了可能，能使高校学生主动"屏蔽"社会以及其他方面的错误价值导向，坚持对主导价值观的认同、内化与外化。因此，在高校学生价值引导过程中，高校可通过主题班会、座谈会等形式启发其价值自觉，培养高校学生的自律能力，促使高校学生生成抵御错误价值观的能力。

思政教育的单向性冲击了高校学生价值引导的主体性，弱化了主流价值观的生成。这就需要高校、政府及社会发挥他律的约束作用，通过他律来约束高校学生的行为。一方面，高校、政府及社会要制定一些法律法规、规章制度，通过法律和制度的强制作用，优化思政教育环境。同时，对网络思政教育场域要发挥好

"有形的手"和"无形的手"的把关作用。具体来讲，要提高职业把关人的把关能力，通过各类培训增强职业把关人的理论"内功"，掌握网络化时代的各项技术，提高把关水平。要运用好各项技术，通过算法、平台进行把关，发挥数字"把关人"的作用。另一方面，高校要加强对学生进行理论灌输，通过理论灌输提高高校学生的理论修养，实现他律向自律的转换，最终自主生成正确的价值观。

总之，自律和他律都能规范高校学生的思想和行为，高校学生思政教育价值引导，不仅要注重他律的约束性，还要注重自律的自主性，将二者结合引导高校学生生成正确的价值观。

（二）学习机制方面知识与价值相结合

思政教育的内容是开放的，高校学生在网络自主学习活动、社会实践活动以及休闲兴趣活动中习得多样化的知识。由于受现代社会工具主义知识观的影响，有一部分知识带有工具理性的倾向，弱化了其价值理性。因此，高校学生思政教育价值引导必须凸显思政教育内容的价值性。为此，要用习近平新时代中国特色社会主义思想引领思政教育的内容，实现知识与价值相结合。

坚持知识与价值相结合的学习机制，一是高校、政府及社会要将价值理性融入开放的思政教育内容中。思政教育内容的开放性会与高校学生价值引导视野有限性形成反差，这就需要拓宽价值引导视野。高校学生网络自主学习的内容是网络平台的多元主体创造的，其更新速度快、数量庞大。高校学生社会实践活动是社会性的，其内容的确定有多方资源、力量的参与。高校学生的休闲兴趣活动也是高校学生根据自身的兴趣、特长等自主选择的，这些高校学生的思政教育活动内容没有引导者的统一编排，是多样化的。这些开放性的思政教育内容不应只是增加高校学生的知识储备，还应引导高校学生树立正确的价值观。为此，高校、政府及社会要用主导价值观为高校学生思政教育的内容赋能，实现知识与价值的统一。二是高校、政府及社会要将思政教育内容中先进的价值观纳入价值引导内容体系，丰富高校学生的知识理论体系，拓宽价值引导视野，塑造高校学生的价值观，最终实现知识性与价值性的统一。三是要在高校学生思政教育的实践中实现知识与价值的统一。价值观作为一种社会意识，来源于社会实践。为此，高校、政府及社会要为学生创造社会实践的平台，鼓励学生在实践中实现知识与价值的结合。

总之，思政教育内容开放，高校学生价值引导需要高校、政府及社会用主导价值观为高校学生思政教育内容赋能，要将思政教育内容中先进的价值观纳入价值引导内容体系，要创建社会实践平台，鼓励高校学生在社会实践中实现知识与价值的结合。

（三）互动机制方面多路径与同向行相结合

高校学生在思政教育中易受各种社会因素的影响，学习方法也具有多样性，仅靠单一的价值引导方法不能解决问题。为此，高校、政府及社会要采用多路径与同向行相结合的互动机制。

坚持多路径与同向行相结合的互动机制，一是要创新价值引导方法。高校学生思政教育方法多样，凸显出价值引导方法相对滞后。高校学生思政教育价值引导要在吸取传统价值引导方法合理、积极因素的基础上，运用现代技术创新价值引导方法，促进高校学生价值引导方法的多元化发展。二是要坚持各类价值引导方法同向同行。一方面，要坚持正确的政治方向。思政教育方法的多样性创新了高校学生价值引导方式，但这种创新不能偏离价值引导的正确轨道，必须坚持马克思主义的方向、社会主义的方向和共产主义的方向，否则会使高校学生价值引导形式化。另一方面，多种高校学生思政教育价值引导路径要协同发展。高校学生思政教育场域是多维的，接触的内容是多方面的，高校、政府及社会要对其进行价值观的高效引导，必须发挥多种引导方法的协同效应。同时，当今时代是信息技术时代，普适计算迅速发展，学习是联通、泛在的，价值引导需顺应时代潮流，努力构建价值引导的联通、泛在环境，这就要求多种价值引导方法的协同运用，共同发挥作用。要实现多种引导路径的协同发展，要促进高校学生价值引导多路径的渗透与融合。高校学生思政教育价值引导的方法包括显性与隐性方法、虚拟与现实方法、社会教化与自省方法等，高校、政府及社会要将显性与隐性相结合、虚拟与现实相结合、社会教化与自省相结合，实现多路径的渗透与融合，发挥其协同合力的作用。

（四）宣传机制方面回应问题与正面引导相结合

思政教育场域的风险性会诱导高校学生产生错误的价值观，这就需要高校、政府及社会及时回应高校学生在思政教育场域中遇到的实际问题，并加强正面引导,向高校学生明确传达赞成什么、反对什么,让高校学生主动生成正确的价值观判断标准。

坚持回应问题与正面引导相结合的宣传机制,一是高校、政府及社会要加强价值引导的回应力。在国际国内环境复杂多变的新时代背景下,高校学生在思政教育场域遇到的价值引导实际问题也是复杂多变的。为此,高校、政府及社会要及时介入实际问题中,并给予评价、解释,最终向实践转化;要树立及时回应思维,加强回应平台建设,提高价值引导的回应力。二是要加强正面引导。准确、权威的信息不及时传播,虚假、歪曲的信息就会搞乱人心;积极、正确的思想舆论不发展壮大,消极、错误的言论观点就会肆虐泛滥。思政教育场域存在虚假、歪曲的信息,这些信息会诱导高校学生生成错误的价值观。为此,必须加强正面引导。一方面,高校及政府要运用舆论进行引导。思政教育场域中,存在一些虚假、歪曲的信息,大学生价值引导既要做好常规舆论引导,又要敢于亮剑,揭露一些错误的言行。另一方面,高校、政府及社会要积极宣传社会主义核心价值观。在思政教育场域中产生价值迷茫、价值困惑,其原因在于没有固定的价值观判断标准。为此,要大力宣传社会主义核心价值观,避免被错误价值观误导。人在哪儿,宣传工作就应该在哪儿。高校学生活跃于互联网场域,互联网是其生活、学习的重要阵地。互联网具有交互性、扁平化、去中心化等特点。为此,高校、党政部门以及新闻传播媒介部门要利用好微博、微信、短视频等平台做好核心价值观的宣传工作,增强其吸引力、渗透力。

(五)实践机制方面生活与严肃主题相结合

思政教育的过程是泛在的,遍布高校学生的日常生活,高校学生思政教育价值引导,需将价值引导内容渗透至日常生活。同时,为避免"泛生活化",高校学生价值引导需严肃主题,即高校、政府及社会要运用日常生活与严肃主题相结合的实践机制对高校学生进行思政教育价值引导。

坚持日常生活与严肃主题相结合的实践机制,一是高校、政府及社会要将主导价值观融入日常生活实践活动中。日常生活孕育着价值观,思政教育内容来源渠道多样,主要包括家人、朋友、各类传媒等,具有丰富的价值观教育资源。一方面,要将社会核心价值观渗透到高校学生日常生活中。高校学生日常生活中的休闲阅读、浏览网站信息、刷短视频等活动都是传递价值引导内容的重要途径,引导者可将价值引导内容渗透到其中，从而发挥社会主义核心价值观的引领作用，消解高校学生的价值困惑。另一方面，要建立价值引导基地。纪念馆、博物馆、展览馆等社会文化教育机构是高校学生价值观习得的重要场所，要充分运用这些基地建立价值引导场所，引导高校学生树立正确的价值观。二是高校、政府及社会要严肃主题。日常生活的自在性、既成性，使接受已有的存在形态、因循常人的行为模式成为主导的方面，与之相联系的是非反思性的趋向和从众的定式，它在消解个体性的同时，也使存在意义的追问失去了前提。思政教育内容的生活性特点存在价值引领和批判的必要性，同时，高校学生在思政教育中的思维也是零散、不连续、非系统性的，若过度强调价值观的生活化会有"泛生活化"的倾向，价值引导仅流于形式，出现价值中立化、媚俗化现象。为此，高校学生思政教育价值引导需要严肃主题，通过主题教育确保价值引导的正确政治方向和实际效果。

三、高校思政教育价值引导实现路径

针对高校学生思政教育价值引导的机遇与挑战，基于高校学生思政教育价值引导的原则与机制，思政教育工作者要更新价值引导理念，媒介要立足社会生活生产高校学生价值引导产品内容，政府要推动弘扬主旋律文化环境的制度建设，高校要综合运用传统与现代的价值引导方法，专业教师要构建"大思政"与社会"大课堂"相结合的工作格局进行高校学生思政教育价值引导。

（一）思政教育工作者要更新价值引导理念

理念是行动的先导，对高校青年学生价值引导只有不断更新理念，不断创新，才能紧跟新时期的步伐和人们的思想变化。思政教育视野下，高校学生价值引导要求思政教育工作者树立个性化引导理念、一元主体与包容多样的引导理念以及泛在引导理念。

一是树立个性化引导理念。高校学生在思政教育中能根据个体需要、兴趣、特长等自由选择学习的内容、方法以及场域等，有明显的个性化倾向，这就要求思政教育工作者在进行高校思政教育价值引导时做到以下几点：首先，要树立个性化引导理念。个性化学习更加注重以人为本、因材施教。"因材施教""以学习者为中心"的教育思想都体现了个性化学习的理念。为此，要尊重高校学生兴趣

爱好、知识背景、性格特点等个性化差异，允许高校学生根据个体的偏好和需求选择适合自身的价值引导内容、目标和方法。其次，思政教育工作者要坚持全面发展和个性化发展的统一。思政教育工作者要坚持高校学生的个性发展原则，在价值引导过程中充当活动的合作者、组织者和促进者，培养各种能力，实现全面发展和个性化发展的统一。最后，思政教育工作者要给予高校学生自我表达的机会，让其在交流中主动内化价值观。建构主义学习理论认为，学习是个体在已有认知图式基础上与他人协商的结果。思政教育工作者在价值引导过程中给予高校学生自我表达的机会，不仅能够发挥其学习的能动性，还能让高校学生在与人对话的过程中内化价值观。

二是树立一元主体与包容多样的引导理念。一方面，思政教育工作者要坚持社会主义核心价值观的主导地位。社会主义核心价值观是基于我国改革发展的内在需要提出的，符合当今世界发展的潮流，是对我国社会文化体系和个人行为起支配作用的价值观。高校学生在思政教育中习得多种价值观，某些消极价值观会让高校学生迷失方向，产生错误的价值选择和判断。这就需要思政教育工作者将社会主义核心价值观贯穿于价值引导的全过程，增强高校学生的价值选择和判断能力，从而维护国家意识形态安全。另一方面，思政教育工作者要坚持"一元"与"多样"同行。包容多元价值观是社会发展的需要，也能让高校学生通过思政教育实现自由全面发展。社会中存在主次有别、层次分明的价值系统，这给予了高校学生价值选择的自由，也能发挥其积极性。只有包容高校学生在思政教育中习得的各种积极价值观，社会主义核心价值观才能发挥作用。然而，包容多样并不意味着没有底线，一味的宽容可能会使高校学生失去价值判断能力和选择能力，误入歧途。宽容应当是既坚持社会主义核心价值观的主导地位，又将各类低层次价值观转化为高层次价值观，保持不同价值观之间的张力，实现协调和互补。高校学生在思政教育中习得的价值观念是多元化的，思政教育工作者要在坚持社会主义核心价值观为主导的基础上，尊重和发扬高校学生习得的积极价值观，并努力实现由低层次价值观向高层次价值观转变。

三是树立泛在引导理念。思政教育过程是泛在的，学习者随时随地可利用身边的资源进行学习，这就要求思政教育工作者在进行高校学生价值引导时，要树立泛在学习的引导理念。其一，思政教育工作者要构建高校学生价值引导的泛在场域，实现学校场域与社会场域的无缝对接。高校学生价值引导既要突出学校的价值引导作用，又要强化思政教育中的价值引导功能，实现价值引导课堂内外、线下线上的无缝衔接。其二，思政教育工作者要实现价值引导资源的共享。思政教育强调以学习者为中心，凸显了学习者的主体性和能动性。只有实现资源共享，才能满足学习者的需求，凸显其主体性。这种资源的共享包括高校学生对价值引导信息、知识、意义以及精神的共享，在共享的过程中可生成多样化的价值引导资源数据库，最终拓展成为价值引导资源链。

（二）立足生活设计价值引导产品

思政教育内容的开放性与高校学生价值引导视野的有限性形成反差，这就需要突出价值观引导内容的开放性。思政教育内容的开放性表现为来源渠道多样，主要包括家人、朋友、各类传媒等，不具备结构化特征，要突出价值引导内容的开放性需媒介立足社会生活生产高校学生价值引导产品内容。

立足生活设计价值引导产品有两方面优势。一方面，它能满足高校学生的利益诉求。使其感受到主流价值观的实践意义和价值，构筑主流价值观认同的基础；另一方面，它能提高高校学生对价值引导产品内容的接受度。在各种不确定的情况下，有一点是可以永久参照的，那就是教育与个人经验之间的有机联系。价值引导要想为高校学生所接受，需激起其内部心理活动的变化，而不是将其看作一个容器进行一味的灌输。立足生活设计价值引导产品能激发高校学生的共鸣，从而提高价值引导的实效性。

立足生活设计价值引导产品，首先需取材于高校学生社会生活。一是相关主体要充分挖掘社会生活中有关价值引导的主题和素材。二是相关人员要按照高校学生生活的逻辑来组织价值引导产品内容，而不是从知识的逻辑出发设计。以往的内容安排不紧追高校学生的生活，甚至出现与高校学生的社会生活背道而驰的现象，从而降低了价值引导的实效性。三是相关人员要对高校学生的社会生活领域进行全方位审视，将以往未纳入价值引导产品内容范围之内，又富有引导意义的领域重新纳入价值引导视野中，避免价值引导产品内容的单面化。

总而言之，价值引导产品内容要在思政教育场域中吸引高校学生的注意力必须取材于社会生活，要从学生实际生活中选取价值引导产品内容，按照生活的逻辑来组织，真正实现价值引导从生活中来并为生活服务的目的。

立足生活设计价值引导产品，其表述要符合高校学生的认知图式。建构主义学习理论认为，图式是对动作经验的保持，由于个体经验的不同，图式也会不同。个体的认知发展是围绕认知图式展开的，学习者更乐于学习与自身学习图式具有关联性的内容。高校的社会生活境况不同，认知图式也会有差异。为此，价值引导产品内容的表述要根据高校学生的认知图式进行话语转换，从而发挥高校学生的主体性，能够利用已有的认知图式主动建立与新知识的交互，从而改造原有的价值体系，自主建构符合国家和社会发展要求的价值观，实现自我引导。

一方面，相关人员要将理论语言通俗化，采用高校学生喜闻乐见的话语方式表达引导产品内容。当前，价值引导内容的表述（如社会主义核心价值观）有高度的凝练性，距离高校青年学生理解能力的"最近发展区"还比较远，要实现价值引导产品内容的入脑入心，须找准高校学生的认知图式的契合点，以促进价值引导话语的创新和发展。另一方面，相关人员要运用多种符号系统，丰富价值引导产品内容的表述方式。认知图式理论认为，图式不是单独起作用的，它是一个综合作用的系统，人的图式综合性要求超越传统的仅靠文字传递价值引导产品内容的形式，运用新媒体、互联网等信息技术，采用图像、音频、视频等多样化的方式传递价值引导内容，以满足高校学生多样化的需求。

（三）高校要综合传统与现代

思政教育的方法是多样的，目前单一式的价值引导方法不能满足高校学生多样化的需求，这就需要高校综合运用传统与现代的价值引导方法。

高校要用好传统价值引导方法。理论说服、舆论引导、榜样引领等都是高校传统价值引导方法，这些引导方法同样能解决高校学生思政教育中的价值引导问题。理论说服从外部将正确的价值观灌输给高校学生，能发挥引导者的主导作用，消除思政教育自发秩序带给高校学生价值引导的负面影响。舆论引导是高校依据一定的价值规范，使高校学生价值观发生转变。这种价值引导方法不仅能实现主流价值观的引导功能，还能引导高校学生的社会生活。榜样引领与思政教育中的观察学习一致，能在潜移默化中感染高校学生，使高校学生形成正确的价值观。

在运用好传统价值引导方法的基础上，高校还需要运用高校学生思政教育活动的各项资源，对价值引导方法进行创新，以适应时代发展的要求。

一是要利用各项文艺创作类活动进行价值引导。文艺类活动是高校学生思政教育的重要方式，一些西方学者认为文化具有濡化作用，即文化具有习得性，其贯彻人的一生并能塑造人格，马克思主义经典作家也认为文艺具有育德的作用。因此，高校可通过文艺创作类活动进行高校学生价值引导。当前，利用该方式进行高校学生价值引导已有一些经验典型，如齐鲁工业大学举办以陶瓷窑变花釉和书法为载体的文化创作活动，在活动过程中不仅有专业教师进行指导，还有思政课教师引导学生挖掘其中的思政元素，通过文艺创作活动引导高校学生树立正确的价值观。

二是高校要利用好互联网的优势，运用好观察示范法进行价值引导。互联网是高校学生思政教育的主要阵地。"互联网+"背景下，示范的形式增加、效果增强，可运用示范学习法进行高校青年学生价值引导。首先，高校要利用多样化的示范形式，吸引高校学生对核心价值观信息的注意。观察学习理论认为决定注意的因素包括示范活动的特征、观察者的特征以及人们互动的结构安排。"互联网+"背景下，云计算、虚拟技术、网络视频等新技术不断发展，这使得信息的示范变得扁平化、图像化、去中心化，极大增强了信息的吸引力。高校学生思政教育价值引导需借助这些新技术，将价值引导内容融入虚拟技术、网络短视频等中，从而为高校学生不断输入核心价值观信息。例如，浙江大学就通过"数说唐诗宋词"增强高校学生的文化自信，该校运用大数据将唐诗宋词可视化，其在网络发布后成为"网红"，很受青年高校学生的追捧。"数说唐诗宋词"是以支部为基点建设的一个项目，它既有利于团队凝聚人心和力量，也有助于传统文化传播，树立文化自信。其次，高校要利用"互联网+"的开放性、互动性、融合性强化高校青年学生对核心价值观信息的记忆。观察学习理论认为符号转化以及复述有利于观察者对信息的记忆。"互联网+"背景下，要将核心价值观信息融入各类网络平台，使高校学生能随时随地接收核心价值观信息，从而增强高校学生对核心价值信息的认知，强化其对核心价值信息的理解。最后，高校要利用各种强化手段，强化高校学生对核心价值观的外化。观察学习理论认为，观察习得的行为受直接诱因、替代性诱因以及自我生成诱因的影响。引导者要利用好替代性诱因的作用，利用某些网络平台，如微信、微博、抖音等的点赞、转发功能，将弘扬正能量的内容推上热搜，从而营造良好的价值引导氛围。

三是高校要运用好大数据，建立价值引导信息数据库，实现价值引导信息的精准化推送。习近平新时代是大数据时代，高校学生利用网络与外界进行交往的过程中会留下大量数据碎片，高校要用这些数据碎片构建高校学生的画像模型（画像模型主要包括大学生的个人情况、兴趣爱好等）。根据这些画像模型，高校建立价值观个性化学习资源数据库，为高校学生的价值观个性化学习提供资源支持。此外，高校要运用好算法推荐功能，根据高校学生的画像模型，主动推送适合高校学生的价值引导内容，实现价值引导的精准化。

（四）建设主旋律文化环境制度

主旋律文化是主流意识形态所倡导和推行的文化，承载着主流价值观，能为人民服务、为社会主义建设服务。在文化多样化时代下，思政教育场域内存在多元文化、多种社会思潮，多种文化"力量"交汇，具有弱化主流价值观的风险性。马克思主义经典作家主张文艺育德，习近平总书记指出，加强高校思政工作，要更加注重以文化人、以文育人。① 这就迫切需要政府弘扬主旋律文化，构建弘扬主旋律的文化环境，发挥文化育人的作用。

制度建设增强人的积极性和创造性，要构建弘扬主旋律文化环境需要制度作支撑。一是政府要加强文化产品生产立法，从源头上构建弘扬主旋律文化环境。社会主义市场经济环境下，有些文艺作品存在见利忘义的问题，被市场所绑架，一味迎合受众的心理，重视受众的感官享受，却忽视受众的精神需要。这些低俗、庸俗、媚俗的文化产品充斥着思政教育场域，会给高校学生带来错误价值观。为此，政府要通过立法限制低级趣味的书刊、音像制品等的出刊和发行，扶助弘扬主旋律的文化产品的生产和制作。二是要优化文化市场的监管制度。"互联网+"时代，网络开发、互动等特点给低级趣味文化的传播提供可乘之机，网络思政教育场域参差不齐的文化产品会误导高校学生的价值观。为此，要优化文化市场的监管制度，净化网络文化环境。一方面要发挥市场主体、社会组织、行业组织等的协同治理作用。政府要转变监管角色，从全能监管者变为调控者，建立开放的沟通环境以促进各文化生产主体的充分博弈，避免传统监管方式损害多元主体利益。各文化生产主体也要履行责任，加大监管投入，参与文化市场治理。行业组织要履行行业规则、标准、公约的制定职责，引领文化市场监管。同时，

---

① 郑荨．以文化人以文育人 增强师生文化自信[EB/OL]．（2017-10-11）[2023-07-11].http://theory.people.com.cn/n1/2017/1011/c40531-29581646.html.

要完善信息共享和反馈机制，发挥中介作用。另一方面，要明确内容标准，实现分类管理。由于内容对应的行为缺乏具体的界定标准，导致内容审核较随意、主观，这就需要明确内容标准，实现分类管理，做到内容监管有凭有据。三是完善文化产品评价体系制度建设。主旋律文化是为人民服务、为社会主义建设服务的，在对文化产品进行评价时，要将其是否能为人民服务、为社会主义建设服务作为最高标准，要将群众评价、作家评价和市场检验结合；要完善评价机制，确保评价机制的公平、公正、公开，要将评奖的种类精简，从而提高文化产品评价的权威性和公信力；对票房、收视率以及发行量等要进行合理的设置；对文化企业的评价不能仅看经济效益，还要注重社会效益，确保经济效益要与社会效益同行。

（五）专业课教师要注意工作格局的构建

思政教育泛在性指示出高校学生价值引导过程存在缺失，为此专业课教师要构建"大思政"与社会"大课堂"相结合的工作格局。

专业课教师构建"大思政"与社会"大课堂"相结合的工作格局，要自觉提高价值引导能力。专业课教师是高校学生价值引导者，承担着育人责任。为此，专业课教师要从四个方面提高价值引导能力。其一，专业课教师要明确育人任务。价值观存在于高校学生生活的多个方面，高校学生价值迷失问题的发现与引导不仅需要依靠思政课教师，还需要专业课教师。专业课教师不仅要明确专业课程育才功能，还应发挥其育人功能。高校学生处在价值观形成的关键时期，专业课教师在专业教学过程中要注重价值引导，将高校学生培养成合格的建设者和接班人。其二，专业课教师要加强政治理论学习，自觉提高马克思主义理论素养。过硬的政治理论水平是价值引导的前提。专业课教师除系统地参加学习外，还要自觉阅读马克思主义经典著作，通过"学习强国""人民日报"等客户端提高政治理论水平。其三，专业课教师要挖掘专业课程中的价值引导元素，优化教学设计。课堂教学是价值引导的重要方式，专业课教师要结合专业特点，根据价值引导的目标，挖掘高校学生价值引导的元素，在潜移默化中对高校学生进行价值引导。例如，在人文社科类课程中，可进行中华优秀传统文化、红色文化的渗透，帮助高校学生消解价值困惑，引导高校学生认同社会主义核心价值观。在自然科学类课程中，专业课教师要结合科技发展背后的故事，向高校学生传递老一辈科学家团结协作、无私奉献、忠于国家的精神，引导高校学生为社会主义现代化建设服务。其四，专业课教师要掌握学生的思想动态，在良性互动中提升价值引导效果。专业课教师要通过线上线下混合式教学、线上访谈等方式了解高校学生价值困惑，并进行及时引导。

专业课教师还要鼓励高校学生参与社会实践活动，在社会实践中引导高校学生树立正确的价值观。例如，安徽工程大学利用乡村振兴调研这项思政教育活动深化高校学生对社会主义核心价值观的认同。该校围绕"新时代乡村变迁与振兴"组建调研团，组织学生假期前往乡村调研，让学生在访谈群众、聆听乡村发展故事并用文字记录乡村发展的社会实践中感受乡村振兴，从而深化对社会主义核心价值观的认同。

第二节　高校思政教育具体实践路径

基于当前我国思政教育面临的问题与困境，如何摆脱我国现实思政教育的困境，提高思政课的实效性，成为亟待解决的关键问题。

一、教育主管部门要优化课程管理制度

教育部门是负责监管国家教育事务的政府机构。中央和地方均分设有教育行政机构，这些机构为我国的教育管理提供行政支持。高校的教育工作需要在中央教育行政部门整体指导下开展，要在地方教育行政部门的具体规划和设置下顺利进行。具体到高校思想政治教育工作，教育部门要切实保障与支持思想政治教育的开展，提高对高校思想政治的重视程度，为此可以从以下几个方面开展工作。

（一）提高课程重视度

教育主管部门需要从理论和实践两方面出发，为思政课注入充分的理论依据和实践指导。这意味着需要提高高校思政课在课程中的比重，并重新设计考试制度，以提升学生对这门课程的重视。长期以来，高校思政课没有得到应有的重视，这是因为学校、教师、学生和家长都未能全面了解思政课的作用和功能。因而，将思想政治课程提升到更高的地位，是解决对该问题忽视的关键所在。教育

主管部门需要从制度和理论两个方面提升该课程的地位和价值。需要在一些新方案实施一段时间后进行考察，确定其在实践过程中的具体实施效果，通过对考察结果的综合分析，以判断执行方案是否有助于改善思想政治课程当前的教学状态。

（二）变革现行的考试制度

当前，教育考试制度仍然以测试学生对理论知识的记忆能力为主，学生能够死记硬背，就可以在考试中获得高分。学校与教师如果进行课程改革，在短期内很难看到改革的成效，在此期间学生的表现和教学进度将会受到影响，这种现实情况就造成了"不敢改"考试制度的现实状况。此外，学生的学习成绩与教师的个人声誉、教学质量评价以及职称评定相关联。因此，教师也无法无所顾忌地进行课程与考试改革。

为了更好地培养学生的道德素养和实现学生的个性发展，各级教育主管机构有必要全面审视目前的考试制度，进行必要的改革。要将"学生的平时表现"和"笔试"充分结合，采用平时成绩加笔试成绩的方式来综合评定他们的最终成绩。"笔试"主要测试学生掌握学科基础知识程度。"日常表现"则测试学生在学习过程中的表现和能力，以及在解决问题时的知识应用水平。例如，学生的课堂互动表现、课后积极行为习惯的养成情况、不当行为的发生情况。教师通过每学期对学生的观察给予评定，并将学生平时表现成绩汇报给教育主管部门。通过采用温和的方式，鼓励学生养成良好的道德品质和规矩意识，培养他们遵守纪律和法律法规的行为习惯。关于"笔试"考核，要以基本观点的理解和应用为主要内容，尽量将主观题和客观题设置得贴近学生的生活实际，并且难度适宜。要注重主观题的开放性设计，以鼓励学生思考和创新表达个人观点，更多地把"给分点"落实到学生观点的创新性与观点的表达过程。

（三）加大资金投入

《中华人民共和国教育法》第五十七条的规定对专项资金的使用对象有明确界定。由于自然地理环境的原因，一些边远地区在经济发展方面相对于沿海和内陆地区来说还比较滞后，并且这些地区发展机制也不够完善。因此，政府和国家需要增加对这些地区教育的投资。增加高校教育专项经费的投入，改善这些地区高校的教育环境，确保教学工作能够顺利开展。许多高校的教学设施存在缺陷，如一些教室缺少多媒体设备，有些高校虽然有多媒体设备但却因缺乏资金难以及时维修。有一些高校在提升学校公共基础设施，如操场和厕所等方面，仍有相当大的改进空间。有些高校存在学生们进行运动受限的情况，究其原因是修建已经持续了两年的操场仍未完工。有些学校的洗手间甚至不能满足学生的基本需求。这些外在条件的欠缺，对高校教学工作的开展有着间接的影响作用，通过加大资金投入，完善外在的设施建设，才能更好地保障包括高校思想政治教育在内的教育活动的开展。

二、学校要完善课程教学管理工作

学校作为一种特殊的社会组织，其主要任务是向学生传授知识，通过有目的、有组织、有计划地开展教育活动，按照社会发展的需要把学生塑造成有着健全人格的优秀人才。教师对学生进行的教育活动是以学校为教学载体的，学校各个教学因素的水平关系到学生思想品德塑造的成果，这些教学因素不仅包括物质层面的校园环境、课外活动等，还包括教学活动方式、校园文化等非物质层面的因素。学校的教育与教学理念、教育管理与考核的机制、方式都在教学活动中扮演着重要角色。当前，高校思想政治教育的效果与水平存在一定的不足，这与教学管理、教学评价的构建情况相对欠缺密不可分。因此，为了实现高校思想政治教育的顺利开展，应该注重高校课程评价体系的建设工作。

（一）不断完善课程评价体系

一个完善的教学评价体系不仅有助于提高教师的教学能力，还能促进学生全面素质的提高。一些高校的思政课评价机制存在缺陷，只把学生考试成绩作为教学效果评价的依据，这种做法会严重抑制教师的积极性。教师们大多较为重视学生知识的传授，而忽视培养学生情感、价值观以及能力目标的重要性。为了保证思政课的教学质量和效果与课程标准相匹配，学校需要升级思政课的评价机制，创建一个以促进学生、教师和课程进步为目标的评价系统。

首先，在学生的评价方面，要建立激发学生的全面成长和发展的评价机制。相比其他课程，高校思政理论课的使命在于通过培养学生的道德观念和法治素养，推动他们的成长和发展,以达成其全面发展、健康成长的目标。因此,学校不能仅以考试成绩为唯一标准来衡量学生的学习成果。要对学生进行评价,需要注意他们在整个学习过程中思考和行为的变化情况。因此,要对学生进行评价,就必须考虑多个方面,如评价目标、评价内容、评价方式等。

在评价目标上需要改变过去"应试教育"造成的甄别和选拔情况,要更关注学生需求,注重评价对学生的激励和调节作用。教学评价让学生能够自我诊断,找出问题,总结经验,从而能够及时地调整学习策略和改进学习方法,增强自主学习能力。在过去,对于评价内容过于注重知识,而忽略了情感态度、价值观和技能等方面。教师需要对学生的表现进行综合评价,以帮助他们了解自己需要在哪些方面继续努力提高能力。可以通过对学生学习态度、交流合作表现、积极参与课堂互动及道德行为的变化进行评价。在评价方式上,应当摒弃传统的"一次考试决定一切"的模式,而应该更加注重学生的过程,削减对学生的结果的过分重视。在学生成长的过程中,教师应该对他们的道德品质进行及时、动态的评价。要结合形成性评价和终结性评价来对学生进行评估。

在进行形成性评价时,应当重视学生的个性特点和差异。同时,评价应该以学生当前的情况为标准,并进行横向和纵向的对比分析。在评价学生时,应该鼓励他们挖掘个人潜能,增强自身信心,通过强化学生对学习的动力,帮助他们在原有成绩的基础上不断提高。教师可以通过采访、观察以及使用成长记录等多种方式来追踪学生在道德素养方面的成长和表现。在评价过程中,多元化的主体参与是至关重要的。学校需要建立起一个多元主体的评价制度,让教师、家长、管理者和学生都能够参与其中,实现评价工作的多方位、多角度,这样能够有效避免单一评价方式的局限性,要特别注重学生之间互相评价和家长对孩子的评价。

其次,需要以发展性为参考标准,建立一个教师评价系统和激励机制。在评价教师的教学表现时,应该同时考虑终结性评价和过程性评价,在这两个评价内容上要更注重过程性评价。应该全面了解教师在教学中所付出的努力,也要注意到教师在教学过程中暂时存在的不足之处。一些教师积极探索教学内容,创新教学方式,不断提升学生的课堂参与度与学习积极性,对这类优秀教师应该给予充分的鼓励与支持。对于那些只注重课堂形式,缺乏个性化和启发性的教师,需要及时提出建设性的意见和改进方法,以推动教师的持续进步。除此之外,评价教师的表现可以借助多种方式，如教师自我评价、教师之间进行相互评价以及学生的评价等，通过实现教学方式的多样化与人性化，激发教师的教学积极性和创造力。

（二）拓展实践教学平台

首先，为了增强思想政治课的教学效果，高校需要充分考虑当地文化和现实情况，组织多样化、具有特色的校园文化活动。可以通过"文化大课间操"、节日活动与红色文化相结合，来实现传统文化与思想政治教育的有机结合。此外，还可以举办一些与思政课程内容相关的演讲比赛、知识竞赛等活动，使学生关注爱国主义、民族团结、诚信、理想和孝道等方面的主题。通过这些活动，可以增强学生的自主参与意识。也可以成立文化团体，让学生在校园中享受多姿多彩的文化活动，如一些高校已经设立了民族社团，这些团体举办的本民族文化活动极大地促进了学生的热情和积极性。

其次，结合当地实际情况，学校可以设立外部教学实践平台，并精心策划相应的校外实践活动，将理论与实践相结合，让学生在亲身实践中理解所学知识。与当地的博物馆、抗战纪念馆、民族英雄故居、民族文化遗产传承中心、法院、社区等各社会机构合作，联合建立教育平台，并定期组织学生实地参观和考察，促进教育资源的共享和交流。如果缺乏可供实践教学的平台，则可发挥自身长处，带领学生参与社区服务活动或带领他们走进大自然，欣赏迷人的自然风景，感受生命多样性。在自然风光中学生就可以感受到大自然的美妙与生命的多样性。

（三）注重课程课时的分配

教师进行课程教学所依赖的基本条件是课时保障。因为教师缺乏充足的课时保障，就无法充分地对教学内容进行分析和讲解。思想政治课在高等教育阶段扮演着关键的角色，通过这门课程可以加强学生的思想政治教育。因此，思政课应受到学校的高度重视。要合理安排思政教育的课时，既要保证其他课程的教学不受影响，也要确保思政课的教学质量。现阶段，许多学校没有合理安排好该课程的教学时间，这类课程每周最少保证有三次正式授课。此外，为了优化教学效果，必须避免使用晚自习替代正式授课，并且要将课时分为课堂教学课时和课外实践课时。

（四）创建良好的教育环境氛围

创造一种优秀的教育氛围和空气，以增强思政教育的吸引力和感染力，是至关重要的一个方面。要营造良好的思政教育氛围，除了必要的硬件建设外，还需要多样化的制度建设，如在某高校中，为了提升校园氛围，主要采用以下四种方法：强化"上墙文化"，设立事务栏，建立荣誉室（墙）和利用公共媒体。

展示板、展示窗、宣传横幅等宣传工具是最常见的创造气氛的方式。通过恰当的课程设计和安排，融入关键的教育重点，能够帮助学生领悟教育的核心精髓。举例来说，某高校在2019年有六个区域用于展示，其中包括两个橱窗展示栏和四个展板展示区。橱窗中展示的内容是庆祝中华人民共和国成立70周年，以及年度主题教育的相关内容。这四个展板呈现了学校近五年来的发展目标、校训、年度工作思路以及重要讲话的内容。通过上墙文化，可以将环境的营造与思政教育工作有机地融合在一起，以达成潜移默化地实现思政教育目标和效果的目的。

学校常用事务公示栏作为主要信息发布场所，事务公开栏会发布与学生事务相关的各种基层信息，学生对其关注度也较高。相较于上墙文化，事务公开栏更具流动性，因为其可随时更换。这一特点使得事务公开栏更易于展示那些具有时效性的内容。很多高校都设立了特定的区域促进党建和思想建设，这些区域展示心理健康教育的学习资源教育活动计划等。

此外，合理利用荣誉墙是非常重要的。思想政治教育的有效展开需要长时间的积累和实践的验证。这需要在一代代学生群体中不断锤炼，以确保思想遗产的传承。因此，对于学生们来说，精神传承具有更深层次的意义。在各所高校中，都建有荣誉室或荣誉墙，这是思政教育工作中最生动和贴近实际的教学素材。拿某高等学府的荣誉墙来说，它由学校简介、历史沿革、主要荣誉和未来展望四大板块构成，全面展示了该校的历史背景、先进经验等方面的信息。定期带领学生前往学校荣誉墙参观，会在关键时刻加强学生对学校的认同感，激发学生的积极性和主动性，深化他们对学校文化的认知。

凸显公共媒体在宣传方面的重要作用。高校可以利用新闻广播和新型社交媒体等方式，来营造良好的思想政治氛围，其中包括宣传具有代表性的人物经历，分享思想政治教育工作的最新进展等内容。比如，某大学进行了"人物风采"系列活动，选取了四个主题："年轻教师骨干系列""学生学校生活""家庭系列"和"优秀学生系列"。这些活动的信息在"我们的天空""学习天地"等媒体公众号上发布了文章，生动地展现了学生们的学习和生活，有效地增强了学生的荣誉感。在进行公共媒体氛围营造时，必须格外关注隐私保密问题，以避免任何可能侵犯隐私权的情况发生。

（五）与家庭教育相结合

除了承担着培养人才的核心使命外，高校是塑造思想观念和意识形态的主要推动力量，还是学生日常生活和学习的主要场所。因此，高校应当将社会发展趋势、学生需求以及时代需求有机结合起来，将思想政治教育与家庭教育紧密结合，加强家庭教育指导，深入研究家庭教育理论，并重视传承优秀的家风和家训。此外，要组织学生参与家风家训主题实践活动，以达到更有效的教育效果。通过家庭教育这一新途径，可以有效地达成高校推进大学生思想政治素质提高的目标。

首先，高校应当遵循理论与实践相互融合的原则来进行思想政治教育。在高校校园文化活动中，要以经典的家庭教育故事为核心，让大学生成为活动的主角，传递有关优秀家庭教育理念，创造一种弘扬优秀家风家训文化的氛围。通过这样的活动，让学生们深刻感受到优秀家庭教育的潜在育人作用和魅力。要定期组织大学生观看优秀的经典家庭教育纪录片，深化他们对良好的家庭风气和家训的了解，增强他们对教育促进人成长的感受，以提升他们对家庭教育的认知水平。

其次，高校需要以提高学生的道德素质为目的，借鉴优秀的家庭教育经验，将经典故事和引人入胜的情节融入教学，创造出有益于大学生发展的优质家庭思想政治教育资源。要进一步完善优秀的家风家训课程，通过学习家风家训课程，大学生能够获得全面的身心发展提升。高校也可以将优秀家风家训融入思政教育当中，这种方式不仅能够启发大学生对传统文化的了解，还有助于引导他们在思想道德方面受到更好的教育。高校可以建立一个家庭教育思政理论宣讲团队，向社会介绍家庭教育的基本概念和有效方法，为家庭建设提供支持，以此确立家校思政教育的重要性，促进家校之间的交流和沟通，进一步提高思想教育的效果。

三、社会要营造良好的教育环境

（一）加强经济的助力

经济基础决定上层建筑。如果地方经济未能不断发展，学校的教学基础设施就难以得到保障。只有当某地的经济不断进步、发展，提供充足的就业机会时，高校毕业生就业率才会得到提高。为了促进当地经济的发展并且带动农村经济的繁荣，有必要进一步深入开发和推广地区的特色产业。此外，政府还需加大对经济困难家庭的援助力度，协助需要帮助的学生顺利入学，推行扶贫与扶智相融合的政策，以提高人民的整体素质水平。政府部门应该积极推动当地经济的发展，从战略高度上解决地区教育难题。此外，政府还应与家庭、社会、学校通力合作，共同关注大学生的全面发展。

（二）纠正社会不良之风

在尊重地方文化和传统习俗的基础上，加快改善不良风气的进程，以确保当地社会风貌的健康良好。首先，提高法治宣传教育的力度。一些社会人员对法律了解不够深刻，为维护社会秩序与稳定，司法机关及公安部门需要加强法治宣传教育。提高公众对法律的认识，通过高校的思想政治课程来建立良好的社会氛围。其次，要扫除社会上存在的某些歧视女性的观念。积极推广男女平等的理念，为女性争取平等的教育机会，同时减少女性大学生在就业时受到歧视的情况。这样才能真正促进女性的发展，使社会更加公正和平等。再次，为了扭转"新读书无用论"对社会和国家发展产生的负面影响，我们必须让广大民众深刻认识到读书对于推动社会和国家进步的关键性作用，同时让人们认识到对于生活在偏远地区的贫困家庭的大学生而言，读书对于个人发展是至关重要的。最后，需要改善社会上的不良风气，包括赌博、酗酒、封建迷信等。此外，我们还需抑制当前普遍存在的欺诈行为，以促进思政课教学环境的健康发展。

（三）优化网络文化

网络是一把双刃剑。为了给大学生营造良好的网络学习环境，发挥网络对高校学生进行思政教育的重要作用，加强网络文化建设刻不容缓。首先，要加强网络文化内容建设。网络文化内容要真实，要坚持正确的舆论导向，弘扬主流文化价值观，服务于人们的精神文化需求。其次，要加强网络监管与治理。加强对网络上垃圾邮件、色情网站、网络诈骗、网络游戏的监管，对一些不良网站和非法网站坚决取缔，依法管理。最后，学校要建立校园网，为教师和学生提供教学和综合信息服务平台，从学校层面筛选网络信息，阻挡非法网络信息，建立起多层防护的网络安全体系。同时，要善于利用学校官方网络平台对高校学生进行道德教育和法治教育。例如，在学校官网、微信公众号、抖音、微博等互联网平台上，发布一些与思政教育课程教学相关的活动，也可以拍摄一些具有启发性的视频放在平台上供学生学习。

四、思政课教师要发挥主观能动性

习近平总书记指出，办好思政理论课关键在教师，关键在发挥教师的积极性、主动性、创造性[①]。为了更好地促进思政理论课的改革创新，习近平总书记提出了"六个要"与"八个相统一"的要求。从思政课改革创新的角度来看，"六个要"与"八个相统一"的主体都是思政教师。"六要"是对思政教师个人应具备的素养提出的要求。"八个相统一"是指思政课改革创新需要坚持的八个方面，强调思政教师在发挥自身主观能动性创新思政课时，要坚持这八个具体方面的要求。结合习近平总书记对思政课建设和思政教师的要求来看，高校思政课在其他条件有保障的基础上，提高课程教学效果的关键在于教师，教师是教学的关键，同时也是建构教育主管部门、家庭、学校、社会、教师五者教育合力的关键。因此，对于高校思政课教师而言，需要从准确的认识自己的社会角色和职责、转变教育理念和综合素养、发掘和丰富课程教学内容、改进与完善课程教学方法等方面来发挥自身的主观能动性，将高校思政课的教学效果的提高置于课程教学的关键，帮助高校学生正确地认识个人、社会、国家三者之间的关系，帮助高校学生养成良好的道德品质和增强法治素养，帮助他们健康成长，做社会主义合格的建设者和接班人。

（一）准确定位职业角色和履行职责

角色是人们对特定身份成员的行为预期。从20世纪90年代开始，中国对基础教育进行了改革，并于2001年6月发布了《基础教育课程改革纲要（试行）》。政治课教师的角色定位是要明确政治课教师的职责，应该做什么、必须做什么以及怎么去做的问题。思政教育教师的角色具有两方面要求，一方面是帮助学生全

[①] 中华人民共和国教育部. 办好思想政治理论课关键在教师[EB/OL]. (2019-03-27) [2023-07-11]. http://www.moe.gov.cn/jyb_xwfb/xw_zt/moe_357/jyzt_2019n/2019_zt3/zt1903_jd/201903/t20190327_375692.html.

面发展和塑造良好的思想品德，另一方面也是教师个人职业成长的内在要求。

1. 准确定位职业角色

定位教师的职业角色主要包括两方面的内容，第一是转变教师的角色，第二是改变教师的行为方式。现如今，教师不仅要传授知识，更需要担负起引领和促进学生学习的重要责任。教师不再是像"教书匠"一样简单地教学，而是更多扮演教学研究和开发者的角色；教师应该以开放的心态来融入社会，成为积极参与的开放型教育者。除了符合现代教师观中规定的角色转换要求，思想政治课的教师还需要以课程特点为依据，确立自己的专业角色。思想政治教育课程的教师可以从以下几个方面确立自己的角色定位。

第一，学生学习的导师和促进者。从古至今，教师的职责一直被描述为"传道受业解惑"。然而，由于认知限制，教师通常只被定位为知识的传授者，这使得教师难以发挥其他作用。单一的角色规定导致课堂教学呈现出了单向传递的模式以及学生被动接受的情况，即所谓的"满堂灌""一言堂"，这种模式限制了学生发挥主动性和自主性。新课程改革要求教师能够引导学生主动参与合作探究学习，教师要采用实践性的方法，如调查、讨论、辩论和访谈等，提升学生自主、协作和探究的能力。

第二，思政教育的先行者和道德操守的典范者。高校思政课是大学生思想政治教育的主要平台，因此思政教育教师扮演思想政治先行者和道德榜样，是思想政治课程性质和目的的要求。一般而言，高校学生的思政素养的形成可以分为遵从、认同和内化的三个阶段。促进高校学生形成良好思政素养的途径包括有效地说服，树立优秀的榜样，建立群体共识，实行奖励和惩罚制度以及进行价值辩论，等等。高校思想政治课教师应该通过自身行为来展示最好的道德教育。作为一名思政教师，应该以言传身教的方式给予学生道德示范。每一位思政教师的言行都会对学生的成长产生深远的影响。高校教师的行为举止如同一面镜子，潜移默化地影响着学生的人格意识和处世思维，教师的言行能产生强烈的感召力。因此，思政教育教师需要牢记自己是道德行为的榜样，要约束自己的行为，为学生树立良好的道德标准，让自己的言行具有感染力和可靠性。

第三，作为学生成长的导师，教师肩负着引导学生形成良好价值观和促进学生健康成长的使命。在当今时代，信息表现出多元化特征，人们的价值观念也呈现出多样化的趋势。因为大学生处于心智尚未成熟的阶段，并且他们对信息进行甄别的能力不足，所以当他们接收到不良信息时，容易影响自身的固有价值观。人们将对好坏、利害、善恶以及美丑的看法被称为价值观念。在当今社会中，各种价值观念不断涌现，这些观念彼此之间也会发生冲突。因此，思政老师需要保持坚定的信念和正确的价值观，弘扬社会主流价值，并向学生传达有关"真善美"的价值观念。为了帮助学生确立正确的价值观，教师应采用分析、比较和判别的方法，这有助于学生在认真考虑各种利弊的基础上，作出符合其个人和时代要求的价值判断和选择。此外，高校学生情感敏感度较高，若没有有效引导，学生在某些情况下可能会出现心理健康问题。思政课教师应表现出对学生的关注和爱护，应该与学生建立起友谊关系，并掌握倾听技巧，成为学生健康成长的保护者。

2. 积极履行职业职责

教师的基本工作任务与使命是教书育人。高校思政课作为实现立德树人任务的重要课程，在政治指导和价值引领方面对于高校学生具有至关重要的作用，影响着学生的健康成长。高校的思想政治课教师应当准确把握自己的职业角色，并且自觉承担立德树人的重要使命。

我国高校教师必须遵守具体的道德准则和职业基本行为要求，其中包括，爱国守法、对自己的职业尽职尽责、关心照顾学生、教书育人、为人师表、不断学习提升自己。现在，随着教学环境和教学对象的不断变化，一些思政课教师感到工作疲倦并且失去对工作的热情。这些教师仅是按照学校安排的教学计划进行教学，并没有给学生提供充分的指导和关心。同时，教师缺乏足够的热情和自信心来有效地开展教学。一些教师初进行业时，坚信自己能够通过自己的教育工作帮助学生改善一些不良行为。不过，随着时间的流逝，教师们逐渐发现他们的投入没有取得实质性的效果。这使得他们感到失望和灰心丧气，逐渐放松了对学生行为的约束。作为一名思政课教师，无论面对何种教学场景，都需要保持心态平和，尽职履责，努力发挥自己的教学能力，尽心尽力地传授知识，关心学生，在教育教学过程中倾注自己爱心与热情。

教师关心、关爱学生不仅是其学情掌握的必要方法，也是了解学生需求的重要途径。大学生情绪的敏感度较高，在大学期间容易出现心理问题和不良行为，思政教育教师应该更加重视与学生的交流与互动。尤其是那些个性鲜明的大学生更渴望得到老师们的关注和注意。因此，教师要与这些学生建立更良好的沟通，倾听他们的想法和诉求，深入了解他们的内心，唯有如此才能有效地找出"失范行为"的根源。

（二）转变教学理念和提高综合素养

1. 转变应试教学理念

高校思政课教师需要紧跟教育趋势，摆脱应试教育的不良影响，注重素质教育理念，正确认识思政课对于学生成长和发展的重要性和价值。转变教学理念，不再只注重知识，关注学生实践能力、道德素养、责任感等多个方面的综合提升，全面提升学生的学习效果。教育的存在是为了服务生活和社会，因此教学活动的中心应该是"实践行动"。在一些高校中，学生的知识储备不足、缺乏对学习的重视和认真态度，有的学生还表现出道德行为不端的情况。面对这一现实挑战，关键在于塑造学生的学习态度，并协助他们树立正确的道德价值观和法治观念，从而规范他们的行为举止。只有通过教育引导，帮助学生建立正确的道德和法律意识，才能有效地解决高校学生出现辍学、代课、打架等不良问题。

只有转变教学理念，才能使得思想政治课程更有效地保障学生健康成长，促进社会的和谐发展，营造出良好的社会秩序。为此，高校的思想政治课程的教师要，逐渐弱化应试教育的影响，在提高学生道德水平为准则的前提下，优化教育理念，使思想政治工作有条不紊地开展。

2. 提高综合素养

教育者要比受教育者先接受教育，这是对教育人员的前提要求。有人就作出过形象的说明，"教师要给学生一杯水，教师自身就需要一桶水"但是，话虽如此，对于现如今的时代和当前的教育、教学形势，教师所具备的"一桶水"是无法满足教学工作的要求的，为此教师的"水"需要源源不断，只有不断将知识与时代相结合，不断创新出符合时代要求的知识与技能，才能使学生充分学习知识之后，更好地与时代、社会接轨。教师要在自己的岗位上不断学习，不断修正自己的不足，通过不断学习，以让自己处于"保鲜"状态。教师要树立"活到老，学到老"的学习准则，要意识到给自己"充电蓄能"是一项终生的事业。教师的教学水平与教师所教授课程的教学效果是密不可分的，而课程的教学效果又与学校的教学水平、国民的素质水平有着千丝万缕的联系，由此可见提升教师教学水平的重要意义。对于学校教学工作而言，任何教学工作的开展，首先人的因素是至关重要的，尤其是教师水平、师资力量，这是高校开展教学的重要保障。由于当前一些学校的教师在专业素质与教学素养上与优秀的教师还存在明显的差距，具体到思想政治课程教师，这种现象同样极为明显。不断开展技能培训，提升思想政治课程教师的教学水平、综合素质，使其成为"一专多能"的优秀教师典范，对于顺利开展思想政治教育工作有着至关重要的意义。

为了增强政治修养，教师必须坚定自己的政治立场。要成为一名合格的思政教师，不仅需要掌握思想政治学科的专业知识，还需要紧跟时事动态，保持理论思考的深度和广度。目前，很多思政教师在法律方面的认识存在不足。因此，思政课教师需要加强学习法律知识，弥补知识漏洞，同时理解法治国家和法治社会的概念，帮助学生树立正确的法治态度，以便他们更深入地理解法律、恰当地应用法律、严格遵守法律和捍卫法律。除此以外，为了跟上时代变革的步伐，思政课教师需要广泛涉猎各类科学文化知识，不断增长自己的知识储备。通过学习历史、教育、伦理、法律和文学等学科，增强人文素养并扩展知识领域。思政课老师需要更加努力学习和掌握自己专业技能，除了必备的专业知识和文化素养，一位优秀的教师还需要熟练掌握教育理论和教学技巧。教师可以通过研读相关学科领域的书籍，如教育学、教学心理学、课程教学方法论等，或者查阅国内外该门课程的教学研究资料，来提升对教育理论知识的理解和掌握水平，进而积累更为丰富的教学经验。为了不断提高教学效率，教师可以利用各种资源，如学科网、高校教学研究公众号等，搜集优秀的教学课件，观看出色教师的授课录像，探索多种教学方法，以找到最佳并且最适合自己的教学方案。

坚定理想信念对于每一位思想政治课的教师都有着显著的作用，思政课教师需要不断强化自己的政治意识，提高自己的政治站位。大学生所处的成长时期是极为关键的，因为在这个时期，他们"三观"正在形成，并且他们的思想观念、思维方式都处于不断变化之中，因此教师的正确引导在这个时期显得尤为关键。思想政治课程教师要聚焦复杂的校内、校外的环境，关注国家经济与社会的发展动向，在面对一些是非分明的事件面前，教师要具备明确、敏锐的政治意识与辨别能力。高校要加强引导高校学生坚定信仰中国特色社会主义，要担负起立德树人、培养学生精神品质的崇高职责。高校思政课教师应当坚定自己的政治信念和立场，只有如此，才能够在学生的内心深处种下梦想的种子，促使他们发扬民族精神。高校思政教师需要拥有远大的抱负和对国家的热爱之情，并勇于以身作则，引导和激发高校学生的爱国情感。作为高校思政课教师，应该以国家和民族的利益为重，认真贯彻党的教育方针，将其融入教学和管理工作中。提高学生的政治认同和公共参与能力，让学生了解中国特色社会主义的政治制度、政党制度和政治理念。此外，思政教师应该具备自信和自觉的文化素养，积极传播社会主义核心价值观，促进大学生思想政治素养的提升。思政课教师要通过贯彻中华文化、中国精神和中国价值观，提升学生的人文素养和价值观念。让他们深入了解并领悟到民族传统文化的独特魅力，进而培养他们追求卓越精神境界的积极意愿，成为更有追求的人。

（三）发掘和丰富课程教学内容

思政课教师顺利展开有效教学的关键在于对课程教学内容的深入完善。思政课教师应当及时更新教学内容，创造新的教学资源，从而提高课程实际效果和实用性。高校思政课教学可以采用多种教材，实现教材的多元化。在高校思政课的教学过程中，思政课教师需要遵守国家对教学内容的相关规定，同时也要考虑到特殊地区的文化环境、双重教学目的、政策限制以及多样化的受众群体，从而做出相应的调整。因此，教师应深入研究教材，掌握其精髓，同时积极发掘地区特色的教学资源，使其成为思想政治教育相关内容的重要补充。

1. 深入分析教材内容

在教与学之间，教材扮演着重要的角色，是教学中不可或缺、至关重要的基础和依据。要制定教学目标、设计课堂教学和制定教学方案，首先需要对教材进行分析和处理，这是不可或缺的。为了全面理解和深刻领悟，教师需要对教材进行深入剖析和研究。理解教材的基本思想、内容和概念，准确掌握其内涵，实现对于教材的"懂"。所谓对教材的"透"指的是对所学教材达到深入理解、掌握熟练、灵活运用的程度。这就需要在理解上下功夫，将教材的内容转化为自己的知识储备，并能够在实践中灵活运用。教师不一定要按照教材生硬的既定框架开展教学工作，可以自由安排更灵活、更富创意的教学进程。教师可以根据学生的状况和教材的主要内容，将知识点分块进行教学，通过对相关内容的整合，让课程更加生动有趣。同时，可以对教材进行创新和改良，提升知识点和概念的准确度和易懂性。

2. 充分挖掘地区特色教学资源

"教材是学生在校学习的主要资源,而非唯一资源;它是一种范例,但不是唯一的范例。"[①] 充分挖掘特色教学资源,丰富高校思政课教学内容,是由政策背景、复杂的教育对象以及新时代思政理论课改革创新的要求所决定的。随着高校间的联系越来越广、高校和地方的融合越来越多,"开门办教育"为高校思政教育工作提供了新的途径和方向。对于高校来说,很多时候一些教师不是专业的思政教育工作人员,对思政教育工作的理解和把握程度远不及专业人士,所以多渠道联动,实现组教施教最佳化、质量效益最大化是高校教师最为需要的方法创新。

首先,向社会延伸。坚持把眼光投向广阔的社会大舞台,利用社会丰富的教育资源开展学习,对于高校来说是较新的一种尝试,尤其是随着这些年各方面融合趋势的不断深入,利用社会资源开展思政教育成为思想教育的新手段,比如积极运用地方纪念馆、展览馆等教育资源,组织学生参观驻地城市发展、国防教育基地,使学生从生动实践中深切感知教育的内涵和要义。

其次,向家庭延伸。充分考虑家庭、亲友对学生思想影响较大的因素,把与家庭沟通联络作为一项制度长期坚持,共同做好学生的思政教育工作。在评功授奖等重要时机适当邀请家属参与,见证光荣时刻、分享收获喜悦,增进学生对学校的归属感和认同感,增强思政工作的感染力。对于高校的学生来说,家庭教育是非常重要的一个环节,做好家庭成员的思想教育,形成比较稳固的家庭关系,是确保各项工作圆满完成的基础。

再次,向文化层延伸。"布施行善,孝亲敬长"的家庭美德传统,"家有事,全村相帮"的团结互助传统,"乐善好施"的友善观念,"非劳莫获,非己莫取"的规则意识,"一言既出,驷马难追"的守信观念,"以勤劳为美"的勤俭节约观念,"重情尚义,以礼待人"的交往观念,"尊重自然,敬畏自然,利用自然,保护自然"的生态价值观念等都是思政教育可开发和利用的教学资源。将文化与课程相结合,既体现了课程教学的统一性要求,又符合课程教学的多样性要求,在一定程度上也可以说充分体现了教学的实际。

最后,做好挂钩帮带,形成领导层与思政教育的"点对点"挂钩、教师与学

[①] 吕桂兰. 标准为本巧用教材[J]. 科学咨询, 2015 (35): 1.

生"结对子"互促等形式，安排各级领导和教师结合所学、所感、所悟，深入学生中面对面答疑，用自身学习成果带动教育效果不断深入。比如，某高校每年至少要安排领导参与学生指导四次，除了参加必要的会议外，还会对主题教育、重大思想问题等方面进行调研，尤其在思想教育方面，在和学生的挂钩帮带中，可以更好地给予帮助和指导，学生反映一致较好。

（四）改进与完善课程教学方法

教学方法是确保教学任务和目标实现的关键因素。对于教学方法而言，教无定法，贵在得法。当前，大学思想政治课的教师需要快速熟练掌握现代教学方式并巧妙地应用于教学实践，利用多媒体教学工具，包括图片、视频和其他文本资料，生动形象地呈现教学内容，以最大化发挥学生的视听和其他感官能力。运用先进的教育技术，采用多种不同的授课方式，包括讲解、案例分析、讨论、角色扮演等，以更为创新性的方式提升学生的课堂参与度，促进其问题分析及解决能力的提高，同时增强学生的情感体验，有效提升思政教育效果。

1.课堂教学方法多样化

目前，高校思政课的授课方式和教学方法过于单一，导致学生缺乏兴趣，课堂参与度不高。要改变这种现状，关键在于改进教学方法，采用多样化的课堂教学方式，充分发挥学生的主动性和创造性。

首先，应当充分利用讲授法。讲授法是一种历史悠久的教学方式，在当前高校思政教育中被广泛采用。它主要依靠教师对知识的深度理解，以口头表达方式系统化、连贯性地教授给学生。但是，在教学过程中采用这种方法，过于强调教师的作用，却忽视了学生作为学习主体的重要性。讲授法的优势包括内容丰富、教学成本低、系统性强、适用范围广、易于教师掌控等，缺点是讲授法会抑制学生的积极性，并不能促进学生的个性成长。目前，由于教师在使用讲授法的过程使用不当，导致学生被动地接受知识，使得教育出现了"灌输式"和"机械式"模式。在高校的思政课教学中，教师应有针对性地、合理地采用讲授法，发挥自己的优势，注重使学生积极参与，改善过去机械填鸭式的教学方法，转向更加有趣的互动式教学。当讲授"孝敬父母、长者""诚实守信""以礼相待""合作团结""节俭勤奋"等道德观念时，老师可以引导学生分享他们在日常生活中所采取的行为方式，从而对学生进行生动的讲授。

其次，要善于运用案例教学法。案例教学法是通过选择与教学目标和内容相符的案例，来进行生动教学的方式。将案例展示融入教学中，能够激发学生阅读、思考、分析、讨论案例内容，并提高解决问题的能力和技巧。此外，采用案例教学法还能够增强学生的感性认知，深化学生对知识的理解。通过案例教学法，师生之间的互动交流得以加强，可以有效避免教学模式呈现"单向式"和"填鸭式"的情况。案例教学法对于讲授法的教学缺陷起到了有力的补充作用。案例教学法的使用有四个步骤，具体如下。

第一步，精选案例。在进行案例教学时，需要考虑到教学内容和学情，选择具有典型性、针对性和启发性的案例。为了满足教学需求，教师需要采用多种形式来呈现教材内容，如可以使用视频、故事、历史事件、实际生活案例等，以提高教学效果。在教授思政课时，教师可以将本地的爱国主义传统、优秀的道德标准、践行环境保护方面的事件作为案例，以加强学生对这些议题的认知和理解。

第二步，设疑激趣。结合知识点和案例，设置合理有效的问题，激发学生的学习兴趣，引导学生思考。例如，结合国家利益选取的案例，问题可以这样设置：请同学们结合案例，讨论在鸦片战争和抗日战争中人们维护了国家的哪些利益？案例中人们为什么要奋不顾身地维护我国的国家利益？国家利益和个人利益之间有什么样的关系呢？

第三步，组织讨论。课堂讨论是案例教学法的中心环节，在组织课堂讨论时，教师要根据班级学生的人数进行分组讨论，要把握好讨论的时间，分配好每个组讨论的任务，管理好课堂讨论的纪律，不能让讨论流于形式，或者成为学生谈论、讨论无关话题的平台，记录好学生的发言以及其他学生的评价观点。

第四步，总结归纳。对学生发表的观点进行分析，及时给予鼓励和肯定，发表自己对案例中问题的看法和观点，并且结合学生的观点，回归教学内容，对案例中所涉及的知识点进行总结。

最后，巧用情景剧。情景剧教学法是教师以情景剧的方式引导学生学习教学内容，从而实现教学目标的方式，这种方式可以让学生通过自主创作、排练、表演和自我评价的方式来获得知识。情景剧教学法的独特之处在于它具有直观、互动、感性、娱乐等特点，这不仅能够激发学生的好奇心，还能让他们对所学知识产生更深刻的认识。高校思政课教学中应用情景剧教学法，可以用生动、有趣、灵活的方式将一些乏味的道德说教和晦涩难懂的法律知识转化，这有助于激发学生的自主学习、创新创造和艺术表达的能力。此外，这也可以增强学生的集体意识和协作能力。情景剧的教学方法通常分为四个步骤：一是选择题材并撰写剧本，二是确定演员并进行排练，三是在课堂上进行表演展示，四是总结反思。这种教学法需要考虑时间和章节。因此，老师应该坚持间歇性使用的原则，避免过多使用。对于很多学生难以理解抽象的理论知识，老师应该采用更具生动性的教学方式，情景剧教学法是非常适合的选择。针对一些学生逃课、偷盗、打架斗殴的情况，教师可以结合学生的实际情况进行思政教育课程教学。例如，可以创作一个故事，描写某高校的学生们接连受到不良诱惑，导致他们失去了对学业的热情，频繁缺课和逃学，并表现出了一些不良举止，如盗窃、殴打同学等，最终走上了违法犯罪的道路被公安机关依法处置。教师可以使同学们编排这个剧情，从而强调法律的权威和预防犯罪的重要性。

2.丰富课外实践教学形式

高校思政课程的基本特征在于具有强烈的实践性。实践教学法是一种能够将学习与实践紧密结合的教学方式，通过激励学生积极参与社会实践活动，协助学生不仅获取知识，同时深入理解知识并增强情感体验。在国外，公民教育和道德教育十分重视实践教学方法，很多学校通过各种课内外实践活动来增强学生对道德经验和情感体验的理解和认知。在新加坡、英国和美国，社区服务被视为一种有益的教育方式，学生必须参与一定的社区服务时间，这种社会实践活动对于学生的社会责任感提升具有积极的效果。我国长期以来的思想政治教育过于注重理论灌输，而忽视了社会实践的重要性。学生虽然掌握了一定的理论知识，但他们缺乏面对真实环境和实际问题时所需的应对能力。

唯物辩证法认为，实践和认识之间存在着辩证关系。实践不仅是认识的来源、动力，还是检验认识真理性的唯一标准。因此，在教学过程中，需要兼顾"直接经验"和"间接经验"的教育作用。例如，2021年清明节期间，宁夏固原2000余名师生徒步54公里祭奠英烈的视频爆红网络，这件事得到了广大人民的支持。一位网友评论说道："这是最好的爱国主义教育，是长征精神的最好传承。"[①] 对于

[①] 高杰.教育的智慧与勇气——由一所高中师生的"远足"想到的[J].华夏教师教育，2021（5）：74-74.

高校思政课教学而言，最好的教育莫过于实践。实践教学法一般包括校内实践和校外实践。

（1）校内实践

相较于校外社会实践，校内实践具备更高的安全性，也更加便于开展。为了提升思想政治教育的效果，教师可以与学校商议，制定一些文化交流活动，如相关主题的演讲比赛、辩论赛、校园文明月活动、校园清洁活动、校园植树活动等，以扩充校内的实践形式，从而丰富思想政治课的教学形式，从而提高教学实际效果。

（2）校外社会实践

学校和社会是培养人才的重要场所。大学生们怀着探究的心态，希望融入社会生活，以验证教科书知识和现实社会之间的联系。因此，在教育过程中，应该让学生亲身去了解社会的真实情况，去满足他们的好奇心，培养他们参与社会活动、承担社会责任的能力，让他们体验更加丰富的情感。教师可针对具体情况选择适合学生的校外社会实践。一般而言，校外社会实践有以下几种方式。

第一，社会调查。社会调查是指有意识地观察、分析和研究社会现象，以达到特定目的的一种活动。高校思政教材中的很多内容可以通过社会调查来让学生自主获取相关知识。在生命教育中，教师可以将"探索生命多样性"作为核心内容，通过观察不同种类和个体的生命表现，帮助学生深刻领悟生命独特性与多样性，进一步认识生命的价值。也可以让学生选取"人类与自然关系"为论文主题，探究当地在保护生态与环境方面的成功与不足之处。

第二，社区服务。在国外，社区服务常被当作实践教学的一种方式，它能有效地培养学生的责任感，因此我们可以从中汲取借鉴。有多种方法可以进行社区服务，如教师可以带领学生前往养老院协助老年人清洁房间、与他们交谈或一起下棋。同时，教师也可以带着学生到小区中宣传科普知识、健康知识、如何爱护环境和保持卫生的相关知识等。

第三，劳动体验。万物的生生不息都离不开土地的滋养和孕育。农民勤劳劳作，满足了人们对粮食的需求。许多学生在当前的教育中，因为缺乏劳动经历和乡村生活体验，出现四体不勤，五谷不分的情况，这被称为"自然缺失症"。让学生身心得到滋养的"新课堂"是田野和农地，劳动体验可以成为学生培养技能和提高优秀品德的途径。通过劳动体验，学生可以深刻感受劳动辛苦，进而形成勤俭节约的美德。

第四，参观教育基地及公益活动场所。爱国主义教育、生命教育、生态教育等实践教学，不应该只停留在理论上，高校可以充分利用爱国主义教育基地、博物馆、英雄故居等资源，让学生在掌握知识的基础上，全面加强思政教育。对于生态教育，一些地方的乡村风貌和自然景观是非常宝贵的生态教育资源。

在完成实际操作后，教师应引导学生交流和分享他们的所思、所感与所悟，或者撰写一篇心得体会来展示他们的学习成果。学生们通过实际操作来加深对事物的认识，将所学的理论知识与生活实践相结合，进一步完善和修正自身的思想观念，从而形成正确的价值观和世界观。

五、家庭要构建良好教育环境

（一）发挥家庭成员的积极影响

在当代教育中，越来越多的人开始意识到家庭在培养孩子道德方面扮演着重要的角色。在家庭中，父母或其他成年人对孩子进行教育的过程被称为家庭教育，优秀的家庭教育可以对个人的成长产生长远的影响。古人说"养不教，父之过；教不严，师之惰"，这显示了父母和教师对于孩子教育的重要作用。部分学者非常强调家长对孩子道德教育的影响，他建议父母可以通过理性说服和身体力行的实例，结合恰当的惩罚和奖励，来对孩子进行道德教育。其中，最为有效和直接的方式则是以身作则，成为孩子的道德榜样，从而引导孩子自觉地按照要求规范自己的行为。

为了教育和引导孩子，家长应该树立榜样，使用正确的思想、方法和行动。应该从小事入手，以点带面，培养孩子欣赏"真善美"的能力，使孩子远离假恶丑。在教育孩子过程中，家长应该注重动态教育的重要性，并且时刻保持教育引导的及时性。父母的行为示范对子女的道德教育影响更为深远、更具持久性。尽管有些大学生的家长缺乏教育背景，无法提供学术方面的辅导，但是他们还是可以在正确的思想导向和行为准则方面对孩子进行指导。家长可以传授孩子朴实、善良、守规矩、懂礼貌、包容、互助、尊老爱幼和注重卫生等优良传统道德，帮助孩子形成良好的品德素养和行为习惯。

如果家长对工作充满热情，那么孩子在学习时也会抱着认真的态度。如果家长能以诚恳的态度处理人际交往，孩子就会学会以友好的方式与身边的同学、朋友相处。家长的积极乐观心态也能够对孩子的信仰形成起到积极的作用。对于"谁（什么）会影响你的人生追求与信仰？"这一问题，许多人认为"父母"和"生活经历"是影响自己信仰观念的关键因素，这反映了家庭成长环境在塑造孩子信仰观念方面的重要性。

因此，为了巩固高校学生坚定的共产主义信仰，家长们应该在家庭教育方面发挥如下作用：第一，以自己的行动作出表率。在处理常规事务时，家长应该遵守法律法规并符合道德准则，成为高校学生的榜样。第二，具有积极向上的思想。家庭的发展方向受到家长思想的影响，因此家长应该坚信共产主义的理念，并以积极健康的态度鼓舞大学生。第三，注重与孩子的沟通和交流。如今社会步伐加快，职场竞争激烈，这使得很多家长忽视了与孩子的互动和交流。高校学生处于青春期，也存在不太愿意与家长进行沟通交流的情况，这导致学生的思想难以得到关注。要与孩子建立更好的沟通方式，家长应该尝试探索全新的方式，比如与孩子分享新奇的经历和资讯，以便更好地了解他们内心的想法和感受，从而更有针对性地对孩子开展教育。如果家庭成员能对高校学生产生积极影响，那么他们更有可能从家庭这一源头开始坚定地信仰共产主义。

在推广家庭思想道德教育时，高校需要以传承中华优秀传统文化为基础，继承古人家庭教育的智慧，创造一种珍视优秀文化的氛围。此外，还需要强调广泛传播优秀家庭教育知识的重要性。优秀的家庭教育可以发挥重要影响，从而减少社会的负面风气，促进社会的繁荣和进步。可以利用传统节日，如春节、清明、端午、中秋、国庆等节日，结合社会主义核心价值观，举办相关活动进行宣传和教育。同时，还可以利用国家的教育场所开展相关活动，促进理论知识的实践转化，进一步完善社会育人结构，为家庭和学校的育人工作提供支持。

（二）增强教育意识

在一些家庭教育中，家长需要改变观念，不再坚持"读书无用论"或"女子读书无用论"的看法，充分认识到学校教育对孩子未来发展的重要作用。家长应当对孩子给予足够的重视，不应该由于家长对教育的忽视或疏于管理，对孩子的前途造成不良影响。尤其是在农村或者偏远地区，只有接受优质教育，才能够实现改变自身命运的愿望。此外，为了真正实现性别平等，应注重女性的教育工作。时代楷模张桂梅认为，只有通过读书，学生才有可能摆脱贫困、奔向更宽广的世界。她始终相信，只要一个女孩能够接受教育，就能够影响三代人的命运。因此，在丽江贫困山区里，她付出自己的全部的努力，为女孩提供免费教育，为她们提供读书的机会。在家庭中，通常母亲与孩子之间的情感联系更加密切。如果母亲是一位聪明有远见的人，她会向孩子传授自己的智慧和经验，这将会给孩子带来长远的影响。因此，一些大学生的家长应更加关注对孩子的教育，努力秉持"文化摆脱贫困"的理念。

在中国教育的演进过程中，出现了一系列极具价值的读物，这些读物对家庭教育产生了积极的影响。先辈们基于他们的家庭教育经验，撰写了一些"家风家训"的文章，把一些家庭教育的智慧传授给了后代。然而，值得注意的是，这些读物由于存在一些阶级性和历史局限性，有的已经无法适应现如今社会发展的要求。党和国家虽然已经提倡家庭教育的重要性，但目前还没有一套科学且符合当代社会发展要求的理论指导体系。

（三）积极配合学校

作为重要的教育主体，家庭和学校应该在行为和思想方面保持一致，确保学生接收到要求和期望是一致的。除此之外，家庭和学校还应进一步加强教育方式和策略等方面的合作，增进彼此之间的交流和沟通，以促进学生的全面发展。有些家长经常把孩子的教育问题推给学校，把孩子送到学校后不管不问。家庭和学校是对孩子进行教育的主阵地，加强学校与家庭的沟通，实现二者的有效互动，这对于引导学生形成正确的世界观、人生观、价值观具有重要的作用。所以，家长要积极配合学校工作，尤其配合好学校劝导子女把握好大学阶段努力学习。

首先，家长要积极配合高校在课堂、教材、大学生思想等方面积极开展的家庭教育工作，根据学生的特点，采取分阶段的家庭教育方式，将大学生的教育全过程联系起来。教师可以借用一些经典的家庭教育格言和寓言，与大学生的家长分享正确的价值观念，以此发挥高校在思想教育方面的作用，帮助大学生更好地适应社会主义的发展。

其次，家长应该利用社交网络加强与学校的联系。由于网络逐渐成为人们主要的交流方式，因此掌握网络也逐渐成为每个人所必需的基本技能。随着数字化时代浪潮的涌动，新型媒介不断涌现，呈现出"百花齐放"的特点。作为具有开放思维的学生，更容易接受新的概念和思想。为了充分发挥大众传媒在家庭教育和高校思政教育中的重要作用，除了常态化学习优秀家风家训外，也需要高度重视大众传媒的重要作用。

家长可以通过多种社交网络平台和高校进行交流和沟通。高校可以通过校园广播、校园文化墙、校园主题网站等媒介，向全体学生和教师广泛传播各类知识和信息，在深度挖掘校园文化内涵的基础上，更好地实现培养人才的教育目标。为了使社会文化更加积极向上，要加强对作品和节目的审核，确保报纸、电视广播和节目等媒体的质量。

通过网络，可以形成一个充满正能量的校园或社会，引领良好的风尚。在推广思政教育时，需要强调树立典范人物作为榜样，并发挥高校的作用。充分利用网络教育资源，推广网络优秀事迹，积极打造学习与优秀人物的良好氛围。

（四）引导树立艰苦奋斗的精神

在此之前，由于我国实行计划生育的基本国策，许多大学生都是家里的独生子女。一些家庭由于受到一些观念的影响，倾向于在孩子大学期间给予他们丰厚的物质支持，从而使得孩子能够在没有金钱的后顾之忧的前提下，完成学业。

在中国当前的物价和消费水平下，每月支出1000元左右可以满足大学生们正常的饮食、生活和娱乐需求，因此他们无需为生计问题担心。很多家庭条件优越的学生，渴望追求物质享受和奢华的生活方式，并且这些学生还认为学习只是为了在将来获得更高收入的工作，这种想法会严重阻碍他们理解共产主义信仰。要让大学生更好地理解共产主义信仰的内涵，首先，需要在家庭层面上培养节约、环保的意识，如可以自行修理损坏的小家电，合理利用废物及水电资源等。其次，需要正确引导孩子的财务观念。要让孩子明白金钱并非人生的唯一追求，要警惕"拜金主义"的侵蚀。最后，应该鼓励孩子在学校做些勤工俭学的工作。家庭应积极引导孩子了解勤工俭学的意义，可以借鉴国外家长的教育方式，鼓励孩子通过自己的努力和工作获得想要的回报，这有助于提高孩子的自信心和自主行为能力。采取多种方式帮助大学生培养勤劳奋斗的精神，这与国家当前强调的劳动教育是一致的，这也有助于共产主义思想在大学生心中生根发芽。

六、国家要加强共产主义信仰塑造

（一）发挥党对共产主义信仰的引领作用

1. 采用合适的理论话语

马克思主义在中国的传播与发展经历了100年的历史，在中国共产党伟大的奋斗与实践过程中，马克思主义被不断添加符合中国国情的因素，从而实现不断的完善与丰富。在宣传马克思主义思想时，要针对不同的接受群体，采用不同的话语方式。

中国共产党的优良作风是始终坚持群众观点和群众路线。无论是在哪一时期，无论党对客观现实作出分析之后采取的哪种理论创新，去剖析每一个理论，其精神内涵都是以人民为中心，并且所有理论的创新点、出发点都是要符合人民的诉求，采用人民听得懂的理论话语。习近平总书记在各种场合的讲话都体现着这一标准，"小康不小康，关键看老乡"[①] "鞋子合不合脚，自己穿了才知道"[②]，这些接地气的理论话语，对于传播党和政府的理念有着至关重要的意义，也受到人民群众的广泛好评。具体到高校的学生，在对其开展思想政治教育，传播共产主义理念时，采取对他们来说通俗易懂的话语体系，对于思政工作的开展有着重要意义，这样可以使他们更好地理解共产主义思想，从而更加坚定共产主义信仰。

2. 加大对网络环境监管力度

在互联网诞生之前，人们获取信息主要是看报纸、传输电报、阅读图书和看电视等。随着互联网时代的兴起，信息传播方式发生了翻天覆地的变化。现今，信息可以瞬间到达任何角落，实现即时交流和可视化传递。网络已经成为人们主要的信息传播平台。我们目前正在享受信息化带来的方便，同时也直接受到网络信息的影响。互联网的推广虽然给我们带来了便利，但是也使我们面临更多的风险与挑战。高校学生具备强烈的好奇心和广泛的接受能力，他们在互联网中所扮演的角色也是十分重要的。

[①] 人民网.人民日报人民论坛：小康不小康 关键看老乡[EB/OL].（2013-04-16）[2023-07-11].http://opinion.people.com.cn/n/2013/0416/c1003-21146321.html.
[②] 中国政府网.国家主席习近平在莫斯科国际关系学院的演讲（全文）[EB/OL].（2013-03-24）[2023-07-11].https://www.gov.cn/ldhd/2013/03/24/content_2360829.htm.

近年来，随着网络媒体平台的蓬勃发展，微信、微博、抖音等平台备受人们关注，尤其是对于年轻学生群体而言，这些平台已经成为他们获取信息的主要来源和重要工具。然而，由于平台监管能力参差不齐，对各种风险的把控也存在着诸多问题。在互联网上，存在着大量的虚假信息和负面内容，这对网上的环境产生了不利影响。应当及时意识到网络发展中存在的问题，然后采取恰当的措施予以解决，以确保党和国家的稳定发展。首先，必须制定网络信息平台行业的规范和标准，以明确言论、图像和音视频内容的基本限制。网络平台应独立进行内容审核，并定期根据网络运营情况及时更新审核规则。其次，制定相关法律法规，以加强对网络平台和个人的法律约束力。为了维护国家安全，防止泄漏国家机密和传播极端言论，必须采取控制措施。如果发现有违法行为，必须果断地追究他们的法律责任，保障网络平台，使得犯罪分子无所遁形，无法逃避惩罚，有力地遏止以后发生同类违法行为。最后，利用新媒体平台扩大党的媒体和政府官方媒体的受众覆盖面和影响力，以确保在信息传递方面，党和政府媒体能够维持其核心地位和掌握舆论主导权。通过以上三种方式，探索适合中国情况的网络治理模式，就可以为高校学生提供健康的思想土壤，进一步推动共产主义信仰的传承与发展。

3. 营造积极优良的社会氛围

近年来，社会中发生的彭宇案、佛山小悦悦事件等，一经媒体报道，迅速成为社会热点话题，使民众对社会道德认知产生剧烈冲击。

某些社会现象可以普遍反映出一定的社会事实。在社会不断发展的过程中，矛盾和问题难以避免。政府需要采取有效措施处理公共道德突发事件，以增强人们对于共享、共治、共建和谐社会的信心，并为高校学生树立共产主义信仰提供社会支持。

首先，需要积极宣传和推广社会主义核心价值观。社会主义核心价值观阐明了在国家、社会和个人方面的要求，并在道德层面上对社会行为进行指导和规范。在实践中，需要考虑实际情况，并运用核心价值观对大众良好的行为进行鼓励，对不良行为进行规范。

其次，需要保持自信的文化立场。文化的传承是中华民族血脉延续的重要因素之一。政府应该更多地举办全民文化活动，比如"一封家书""成语诗词大会"

等，以吸引更多人参与其中。需要在新媒体领域坚定地以优秀文化为主线，营造一种全民学习文化的氛围，以此激发人们对社会道德共识的关注。

最后，必须颁布相应的法律法规。德治和法治的有机结合是保障社会稳定运行的必要条件。为了让更多人达成一致，政府需要根据国家的具体情况，并借鉴其他国家的成功经验，不断完善适合于我国社会发展要求的法律制度，以实现保障人民权益和消除内部矛盾等重要目标。只有德法合一，才能扫除社会上的不良风气，纠正公众认知的偏差，吸引全社会共同致力于营造优良社会风气。这有助于培养大学生的社会主义信念，对他们产生正面作用。

（二）优化高校共产主义信仰教育的方式

1. 从教师入手

首先，需要提高思政课教师的教学水平，从师资源头加强培养。对于计划成为一名思想政治理论课教师的学生，需要学校在其大学期间积极探索和相关培养机制，包括量化学习、建立经典著作学习的记录、创建个人成长档案等。这些措施可以培养高素质的学生，确保未来思政理论课教师队伍得到充分补充和丰富。其次，严格筛选教师资格证入门要求。思想政治课程教师人员的引进，不能只从职称和科研成果这些表面标准来衡量，更重要的是考察他们的道德修养是否高尚，信仰是否坚定。因此，在选拔和招募教师时，应该重视对其个人品德和修养的考察。最后，建立长效机制。高校可以定期安排活动，帮助思政理论课教师提升教学水平。这些活动包括提升思政课教学能力的培训和学术交流会，将参加这些活动的时间纳入考核，作为年度任务评估和职称评定的重要参考，从而改进以前只看论文的评审方式。

2. 探索多路径信仰教育创新

建立与塑造信仰是一个复杂的过程，需要依靠理论知识为实践奠定基础。因此，教师需要注重教授学生理论知识，并将其与实践内容结合起来。只有在实践中，他们才能真正领悟到信仰的内涵，进而将其思想进行深化与提升，从而实现思想与实践的完美契合。通过将理论与实践相互融合，可以更有效地帮助大学生巩固坚定的共产主义信仰。

在保证思政理论课教学的前提下，高校应该积极探索新的思政教育形式。可以利用当地的红色文化资源，定期带领大学生群体实地考察和教学。另外，第二课堂实践活动也是一个不错的选择，这可以有效地激发高校学生参与实践的热情和意愿，从而达到通过实践获得知识的目的。为了让学生真正深入理解和信仰共产主义的精髓，必须不断改善高校授课方式，将理论知识与实践有机结合，打破教师仅为了完成授课任务和学生只是应对考试的现象。

3. 增强学生的组织归属感

在高校中，一些组织对于增强学生的归属感发挥着重要作用，比如校园的党组织、团组织，相较而言学生与团组织之间的关系更为紧密。实现团组织在高校学生中地位的提升，最关键的是实现团员的组织归属感，为此可以从以下几个方面开展工作。

首先，提高组织门槛。团组织在发展成员时，不能对所有的人员不加以甄别而盲目吸纳，而是要充分考量团组织申请者的思想层次，对团员的考核标准的制定可以将党员考核标准作为参考。除此之外，还要对已经加入团组织的成员进行强化教育，缩小他们与团组织之间的距离，提升他们与团组织的融合程度，从而加强他们对于自身团员身份的认同。

其次，丰富组织形式。许多高校团组织开展的活动是比较单一的，一些学生却参与度十分有限，这些学生参与团组织举办活动的方式是靠外界强制力的方式，并且他们在活动中也通常表现得不积极。因此，团组织开展的活动应广泛听取团员的意见与想法，可以给学生下放一定的自主权，让学生团员自发地组织和开展一些活动，从而真正让团员在团组织中获得归属感。

最后，建立有效的组织机制。对于团员的培养并不是一项短期的工作，为了协助团员成长，应该因材施教，为每位团员制订个性化的成长计划。例如，针对二级学院团支部的特点，可以定期组织团员开展团会活动，在听取报告、学习原著、领会会议精神等各种形式中，帮助团员不断成长。只有为团员规划活动，才能更加有力地提升基层团队的吸引力和凝聚力，才能够提高团员的意识水平。完善团组织职能和增强团员自我价值感，是塑造高校学生群体坚定共产主义信仰的关键要素。

（三）提升个体共产主义信仰塑造主动性

1. 融入社会主义的一些实践

高校学生是塑造共产主义信仰的重要对象，虽然外界环境会对其信仰产生一定影响，但最关键的是他们自身是否能够理性、自觉地形成对共产主义的信心。因此，高校学生不仅要接受理论性教育，还应该积极参与社会主义建设，提升自己的主人翁意识。通过不断反思实践，将实践转化为内在动力，推动自我成长。

目前，参与各种社会实践是高校学生群体直接、有效参与社会主义建设的一种重要方式。因此，大学生应根据自己的个人特点和专业优势，合理规划时间，充分展现自己的主动性。通过参与志愿服务、政府实习、农村支教、医疗支援以及农业实践等活动，大学生可以更加全面地了解真实的中国，从而修正自己在媒体报道中看到的固有印象。高校学生可以通过实践来跟随自己内在的导向，深入了解社会的现状，逐步建立起适合自己的科学职业观念，这样可以为将来的就业提供重要的借鉴。当大学生通过自我行动来践行他们的马克思主义信仰，将理论与实践相结合，他们就可以真正领悟信仰所具有的力量，在精神上得到净化，并朝着社会主义核心价值观所要求的方向不断迈进。

2. 加强共产主义的理论认知

大学生应该积极利用学校提供的教学资源，充分发挥对知识的追求和思想的敏锐度，深入理解并信仰共产主义思想。上好每一堂思想政治课程，积极、踊跃参加思政类讲座等活动，通过网络学习和寻求老师解答等方法，不断升华自己的理论素养。共产主义信仰的确立是在外在教育与自我教育的结合中实现的，因此大学生共产主义信仰的确立不仅要借助外在教育，还要自我教育，要深入学习马克思主义的基本原理，并且自己能够用辩证的眼光看待历史问题，对中国共产党领导全国人民进行的伟大实践有充分的认识与理解，强化共产主义理想在心中的重要地位，从而更加坚定共产主义信仰。

第四章　全媒体环境下高校思政教育改革

本章为全媒体环境下高校思政教育改革探究，主要介绍了四个方面的内容，依次是全媒体环境下高校思政教育接受改革、全媒体环境下高校思政教育的四个维度改革、全媒体环境下高校思政翻转课堂教学改革、全媒体环境下高校思政教育实效性改革。

第一节　全媒体环境下高校思政教育接受改革

随着全媒体时代的来临，高校的思政教育工作不仅面临着机遇，同时也面临着挑战。传统媒体与新兴媒体的融合交互为高校思政教育提供了更多的发展支持。通过全媒体的运用，能够将思政教育的成效进行提升。全媒体的参与能够促进思政教育的规划、增强受教育者的主观能动性、提高教育者的全媒体素养，从而更好地应对挑战。

随着信息社会的进步，新媒体对人们的作用无处不在。新兴媒体与传统媒体的交汇形成了全媒体时代。在全媒体时代环境中，怎么样有效地提高思政教育成效，怎么样落实立德树人的核心理念，怎么样为国家培养全能型、承担民族复兴重任的人才，成为高校思政教育工作人员需要解决的重要问题。

一、高校思政教育进入全媒体时代

（一）全媒体的含义

全媒体是一种新的传播形式，它将多种媒介的表现形式进行了整合，对传播的资料进行宣传，并借助各种传播工具，如文字、声音、图像以及通信技术来传递信息。这种方式使信息传播更加立体化和多样化。

全媒体包含了传统媒体和新兴媒体，在全媒体时代，传统媒体和新兴媒体不是取代关系，而是迭代关系；不是谁主谁次，而是此长彼长；不是谁强谁弱，而是优势互补。全媒体之所以称为"全"，主要体现在它的综合性，它把传统媒体与新兴媒体进行整合，继承了传统媒体的权威与真实的特点，同时又吸收了新兴媒体的传播速度快速与广泛覆盖面积的优点。此外，全媒体也体现了全程性、全方位性、全员参与性以及全效性，因此信息可在各个地方进行传播，并且每个人、每个方面都能够有所覆盖。

（二）全媒体融入高校思政教育的必要性

手机已成为大学生获取外界信息、阐述自身观点的主要工具，他们在网络世界中占据着一席之地。这些大量迅速发布的信息质量良莠不齐，真假混淆。对于那些还没有形成自己价值观念、缺乏生活经验的大学生来说，很难去辨别信息的真伪。更糟糕的是，有些西方国家故意通过文化输出来影响大学生的价值观，这很可能导致大学生在自身的价值取向上存在偏颇，甚至会对党与国家的建设事业造成一定的负面影响，影响接班人的培养。所以，在全媒体的环境中，应利用传统媒体在教育方面的长处，并深入探索新媒体对于当代学生的教育功能性，积极抢占全媒体舆论高地，广泛性去开展思政教育方面的工作。思政教育工作人员需要积极抓住全媒体时代的新挑战，准确把握变化，灵活适应变革。

（三）全媒体融入高校思政教育的可行性

移动媒体正处于迅猛发展的新时期，这得益于5G、云计算、大数据以及人工智能等技术的进步，让思政教育教学有了更多的技术支撑。并且，高校思政教育工作人员的全媒体素养在持续提升，不仅有熟练掌握全媒体技术的年轻教育者的加入，一些年老的教育工作者也在年轻教育者的引领下与某些突发事件的推动下，逐渐融入了全媒体时代的大环境。此外，党中央对此也给予了充分的关注与支持，各级党委与政府从多个方面大力支持，其中包含政策、费用、人才等，这些举措也为全媒体环境下推动思政教育提供了一定保障。

二、全媒体对高校思政教育接受改革的影响

（一）增强思政教育吸引力

根据研究表明，同时从视、听、触等多方位的感官进行刺激更能够引起人们持久性关注，进一步增强接受的成效。传统意义上的思政教育方式过于死板单一，只注重课堂教学，教师讲授，学生听讲，缺乏多元化与趣味性，对学生吸引力不够，导致部分学生在课堂上打瞌睡、搞小动作，进而影响思政教育的实际成效。在全媒体的环境中，思政课能够采用更多媒介进行课堂讲学，如视频、音频等，同时社会实践活动、校园文化活动等第二课堂的开展，也让全媒体有了更宽阔的发展空间，文字、图像以及网络等都能够展现自身的教育优势，这些媒介功能的发挥增强了思政课对学生的吸引力，进而提升了思政教育的受众效应。

（二）提升思政教育亲和力

传统意义上的思想政治教育过程，教育者通常是主导角色，而受教育者则是被动接受的对象。此外，教育者过于强调权威性，而忽视与受教育者进行沟通交流。在全国高校思想政治工作会议上习近平总书记强调："提升思政教育亲和力和针对性，满足学生成长发展需求和期待。"[1] 全媒体的应用让思政教育亲和力有了更大的提升。相较于讲学的传统模式，此种教育方式更加注重学校育人和学生自育相结合。学生在受教育的过程中有了较多的自主选择权利，这种权利不只是在学习方式的多样性上有所体现，并且在学生以多种方式参加到教育过程也有所体现，如在线刷弹幕、写留言等。在全媒体的环境中，在思政教育方面让学生选择更具丰富性，互动更具多样性，能够有效提高思政教育的成效。

（三）加深思政教育感召力

传统的思政教育模式相对单一，其主要是借助教师、教材以及考试等渠道来影响学生。但这种方式的弊端在于，学生可能会在上课后将教材束之高阁，直到考前才临时抱佛脚，对教育效果造成一定的影响。在全媒体的时代里，教师能够

---

[1] 许涛.构建课程思政的育人大格局[EB/OL].（2019-10-18）[2023-07-12].http://theory.people.com.cn/GB/n1/2019/1018/c40531-31406699.html?ivk_sa=1023345p.

借助微信公众号、音频或者视频 APP 等多种媒介，同时呈现一样的教育主题。多个平台进行整合协调，将每个平台的优势充分彰显，一起合作宣传，从而产生强大的合作力量。学生在多个平台中"耳濡目染"，思政教育能够逐渐深入到学生的内心。全媒体的参与能够满足学生接受教育的个性化需求，因为不同的学生有着不同的教育偏好，学生能够借助与自身偏好相适应的方式去学习他们感兴趣的内容。并且，在上课的过程中，还能够借助与教师的进一步交流，对学习内容进行强化，加深理解。

全媒体的参与使得思政教育工作有了更多的吸引力，增加了教师与学生的亲近感，增强了教育工作的感召性，提高了高校思政教育的接受成效。这一做法与党和国家对高校思政教育工作的期望是相一致的。同时，全媒体仍在发展融合时期，仍然具有不足之处，并且同高校思政教育整合存在不足，仍然具有一定的挑战性。

三、全媒体时代高校思政教育接受改革的挑战

（一）全媒体融合管理有待进一步提升

在全媒体的蓬勃发展环境中，各个高校所拥有的全媒体平台层出不穷，但真正缺乏的是对这些平台的有效管理，同时也缺乏传统媒体和新媒体两者之间的有效整合。学校、院系、班级社团等均会使用微信公众号等平台进行信息传播，但诸多这样的平台并不能上报、汇总，进行统一管理。同时，新媒体技术也在不断进步，在学生中越发多的人开始使用哔哩哔哩、猫耳 FM 等音视频 APP，多种多样的平台让统一管理变得更加复杂。除了管理困难，新旧媒体的整合不充分也是一个难题。尽管传统媒体经过严格的信息审查，其主体内容秉持主流价值观，是具有一定正能量的。然而，由于其传播方式具有单一性并且在传播的速度上也较为缓慢，并不能够让学生对其产生兴趣。与之相比，新媒体具有广泛的传播途径与快速的传播特征，然而，由于其审核体系存在不足，部分内容并不具有权威度，并且准确度也相对较低，甚至可能与社会主义核心价值观呈相反趋势。倘若传统媒体与新媒体没有实现有效整合，那么就会对思政教育合力产生不利影响，并影响学生对思政教育的接受效果。

（二）接受主体的主观能动性有待进一步激发

教育模式的改变使得教育者和受教育者之间的互动从单向传递教育内容变成为相互合作学习的双向互动。在思想政治教育的过程中，强调将受教育者作为主体，充分尊重他们，并赋予他们更多的主动权。当前，高校的思想政治教育工作已经在学生主人翁意识方面取得了长足进步，并且能够充分利用多种媒介来进一步提升和完善这项工作。在思政教育领域，高校传统媒体，如校报与广播台是主流意识形态宣传的重要渠道，在传播宣传方面占有重要地位。然而，这些媒体在内容上可能同学生感兴趣的话题与日常生活不符合，因此在亲切感与感召力方面存在不足。新媒体平台可以迅速逮捕学生感兴趣的问题，然而在正能量的指引方面存在一定不足。此外，在帮助学生将自身的理想同国家进展相整合方面，学校教育仍然存在不足，不能满足学生发展的需要。当前，阶段工作的展开主要以教师的引领和学生干部团队的实施为主要形式，尽管高校学生是思政教育的主要受众，但他们的参与程度仍旧具有一定局限性。怎么样才能激发学生干部队伍的创造水平，促进越来越多的学生主动参加到教育活动中，这是应该深入考虑的问题。

（三）教师全媒体素养有待进一步增强

同过去作比较，虽然思政教育工作团队的全媒体素质均有所提升，但是依旧有进一步提高的余地。部分老师仅会使用全媒体平台获取学生的想法与思维情况，缺乏利用全媒体技术主动影响学生的精神世界、开展思想政治教育工作的意识。部分老师即使意识到这一点，然而由于其实践技能水平的不足，以及工作效率的低下，依旧影响了思政教育的实际开展。有些老师仍然持守老旧的思政教育理念，以为只需要专注于课堂教学就已经足够，并且认为全媒体的应用并没有实际效用，这种观念背离了思政教育范式的转型趋势。通过以上就可以看出，提升思政教育工作人员的全媒体素养具有一定必要性。倘若教育者没有充分利用全媒体时代的机遇，不能正确面对时代发展的挑战，没有采取创新的教育模式，就难以与当代学生构建良好的沟通交流关系，更别提引导他们成为担负历史重任的时代新人。因此，提升全媒体素养对于"扣好第一粒扣子"、引领学生成长至关重要。

四、全媒体时代高校思政教育接受改革的路径

（一）加强全媒体顶层设计

总共有三点内容：首先，加强全媒体平台库建设。对全部的全媒体平台进行备案处理、登记，并对其成效进行追踪，实行统一化的管理。对不再活跃、无效的平台进行清退，对传播虚假信息的平台进行警告，对出现严重违法行为的平台进行撤销处理。借助对平台库的完善与建设，科学、有序、有效地管理所有全媒体平台，构建多而不杂乱，各展其所长的平台管理局面。其次，促进全媒体的整合性发展，让传统媒体与新兴媒体互相借鉴优势，彼此融合，一起构建思政教育的强大合力，将党的理念进行传播与宣传。最后，确立全媒体的"主负责人"责任制，确保责任明确、到位。整个学校的平台均由校党委集中管理，院系、专业等平台则交给院系党委负责，并且积极发挥辅导员与学生领导层队伍的作用，建立起高效、可信赖的管理团队。

（二）尊重接受主体主观能动性

在全媒体的环境下，倘若想要加强思政教育的接受效果，就应该基于尊重学生主体性的前提下，激发他们进行全媒体建设的积极性。根据全媒体传播的内容来说，要在符合党和国家对学生规定要求的同时，也考虑到学生个体成长的需求。对学生关注与存疑的事情与问题进行及时解决，不仅包括实际生活中的问题，还包括思维与态度方面的问题，从而更好地鼓舞信心、温暖心灵、凝聚共鸣。关于学生参加学校全媒体思政建设的方式，应充分发掘学生群体在全媒体领域的激情、技能以及创造力等特性，组建一支出色的全媒体运营学生骨干队伍。成立互助小组，学生能够在老师的指引与帮助下，对思政教育资料进行更好的选择与认知，学生也能够协助老师快速地熟悉与运用全媒体。借助问卷等多种方式在学生群体中对热点问题进行收集与整理，强化学生的主体地位，在全媒体建设中构建人人责任的友好环境，这对高校思政教育与学生的"自我教育"有机结合具有积极作用，同时提升了思政教育的接受成效。

（三）加强教师全媒体素质培养

总的来说包含以下几项内容：第一，加强教师理想信念教育，激发他们积极

利用全媒体资源进行思政教育的责任心。习近平总书记说："准确、权威的信息不及时传播，虚假、歪曲的信息就会搞乱人心；积极、正确的思想舆论不断发展壮大，消极、错误的言论观点就会肆虐泛滥。"[①]思政教育从业人员需要保有足够高度警觉，深刻认识到全媒体时代负面信息对学生思想的潜在影响。在这一背景下，他们应主动运用全媒体平台，积极引导、果断行动，以习近平新时代中国特色社会主义思想作为引导，稳固高校的思想制高点。第二，提升教师在运用全媒体平台进行思政教育的水平与自信心，要加强他们的技能训练。建议构建三级（市、区、校）联动培训机制，支持老师参与到全媒体技能课程的训练中来，借助学习与实践的操作经验不断适应信息化方面的标准与相关规定，将互联网的思维深入脑海，从而进一步提升全媒体实践操作的水平。第三，设立相关的评估体系，将教师利用全媒体进行思政教育的结果表现加到绩效考核系统中。为促进高校思政教育传统向现代的过渡，支持老师积极采用全媒体新技术，通过全面考核课堂教学、网络新媒体等多种方式，保证多路径思政教育的同向同行，形成强大思政教育力量。

每一代人都有着不同的际遇，每一代人也都有着不同的"长征路"要走。全媒体背景下，高校思政教育工作人员的任务与目标就是借助持续性实践与学习，从客观的视角全面分析全媒体给教育工作带来的挑战与机遇，熟知全媒体的运营规律，合理运用教育教学的相关标准、充分发挥学生在成长过程的特色，根据不同的环境、不同的事物、不同的教育对象，不断对思政教育工作进行革新与推动，面对新的时代同样做好思政教育工作，不断为社会输入有才能，能够担起民族复兴重任的新型人才。

从21世纪之后，媒体形态在持续性发生演变，呈现出新旧媒体共同存在，同时迅猛发展的全媒体新局面。在此种大背景下，高校思政教育不仅面临着新的机遇与挑战，同时也面临着新的改革。倘若想要能够更好迎接这新时代的变化，各个高校与老师就应该深入探究相关问题，如高校思政教育将来在理论方面应如何发展、思政实践该如何进行变革等。

[①] 人民日报.推动媒体融合向纵深发展[EB/OL].（2019-03-26）[2023-07-11].https://www.cac.gov.cn/2019-03/26/c_1124282864.htm?eqid=c6c4976d000126a3000000066498ec35.

第二节　全媒体环境下高校思政教育的四个维度改革

全媒体不断发展，出现了全程媒体、全息媒体、全员媒体、全效媒体，即"四全"媒体。全媒体时代高校思政教育工作创新发展要以"四全"媒体为依托，深刻把握以下四个维度：第一，依托全程媒体，助力构建"大思政"教育格局；第二，依托全息媒体，充分发挥思政课主渠道作用；第三，依托全员媒体，扎实推进全员育人；第四，依托全效媒体，构建高校思政教育传播矩阵。全媒体时代需要将"四全"媒体融入高校思政教育改革与创新之中，切实提升高校思政教育工作的针对性和实效性。

在全媒体的大环境下，信息生产方式与传播途径一直处于变化之中，媒体局面也有了非常大的转变，引入的"四全"媒体（全程、全息、全员、全效）正积极融入社会生活，在互动性、体验感以及服务方面均体现了不同以往的传播特色。在这一新环境中，高校思政教育需要灵活适应全媒体的发展趋势，充分整合"四全"媒体，使传统思政教育与信息技术紧密结合，建构具有广泛参与和全方位传播的"大思政"教育格局。强调充分发挥思政课主导地位，构筑全面整体性的思政教育传播网络，真正提升高校在思政教育方面的时代特性，吸引学生的关注。

一、依托全程媒体，助力构建"大思政"教育格局

全程媒体是指在整个事件发生的过程，媒体持续性紧跟，确保其中每个步骤的开展均能向人民群众实时传送。同时，要将立德树人置于核心位置，要在整个教育过程中融入思想政治工作，并设立高校中的"大思政"工作机制。这一教育理念的实施技术载体主要是全程媒体，充分整合全程媒体的记录与传播方面的功能以及思政教育内容，让思政课的主体渠道影响作用得以充分发挥。借助多种信息渠道在学校的科研、文化、实践过程以及学生的活动中充分整合思政教育，去推动高校"大思政"格局的建立与发展。

（一）推进高校校园媒体融合发展

在全媒体时代，媒体融合是不可避免的趋势。为建立"大思政"教育的局

面，最为重要的实施步骤就是推动新旧媒体的充分整合。高校的校园媒体是将老师与学生进行连接的重要工具，同时还是高校中基层党组织进行传播与引导高校舆论的重要工具。在高校新旧媒体的融合推进中，高校党委需要对其推进的目标与相关规定有着清晰的认知，并基于一体化发展趋势，让新旧媒体彼此融合，共同发展。同时，应该依照学校中思政教育的特征，基于互联网思维方式对校园新旧媒体相互融合的实施策略进行制定，建立持久性、科学性的校园媒体传播管理机制。

基于"互联网+"思维模式，将高校中多种多样的教育资源进行整合并充分发挥其各自的效力，推动在教学、管理、服务、科研、实践等多方面的育人工作，从多方位对思政教育整合过程中的全体师生进行有效舆论引导。在"大思政"局面下，构建协同推进的舆论指引体系，同时要以党管媒体为基础，保证管控与建设的同步进行，全面管理相关领域与工作人员。新旧媒体均需要遵循一致的标准与统一的管理机制，通过全程媒体打造积极的思政舆论环境，确保高校中意识形态的安全。高校应该将多种思政教育内容同校园媒体平台进行联动，在管理机制上实现统一性，总的来说，从以下两方面着手。

首先，对高校中的媒体平台进行整合。当今，高校中的不同部门、不同单位、不同老师使用的媒体平台并不一致，如微信公众号、校园网以及微博等。然而，这样会导致思政教育的力量多处分散，很难协同一致，合力发展。所以，高校应该把党委宣传部作为核心，对校报、校园网、微博以及各等级的媒体平台等资源进行整合，达到管理一致性。这不只能够增强全平台的教育指引影响力，同时还有利于全平台的协同发展，对学生的信息掌握也更加便捷，让学生能够在平台上解决所有问题。

其次，将全媒体技术与思政教育的人才资源进行整合。构建全媒体技能人才资源库，其中包含有计算机与多媒体的优秀专业讲师、网络信息组织与宣传组织等技术相关人才、马克思主义学院的思政老师与辅导员等思政工作人员。将多方的人才力量进行汇集，充分将全程媒体记录、储存与宣传的优点有效发挥，并利用其广泛覆盖、具有目的性、信息手机便捷的特征，进一步在思政教育方面让三方力量（学校、社会、家庭）在全程媒体平台中充分融合，一起构建全媒体时代下的高校思政教育宣传体系。

（二）坚持"内容为王"的原则

借助全程媒体建立"大思政"工作的局面，其主要目标是充分借助全程媒体的技术与宣传能力，充分转化思政教育的资源，提高教育工作的吸引力与感染力。由于全程媒体传播注重受众的参与性和交互性，发布者和受众之间的角色实际上是相互转换的，他们在同一个平台相互讨论、阐述观点、发表意见，受众更希望把有限的时间放在对自己有用的信息上，他们对阅读的内容和质量都有更高的要求。所以说，在全程媒体传播过程中，"内容为王"理念备受关注，总的来说，有以下两个方面。

首先，在政治方向上有正确的坚持。高校的本质目标就是立德树人，在高校中进行思政教育工作就应该充分落实党的教育方针，着眼于培养什么样类型的人才，如何去培养，以及为谁培养这三个关键问题。所以，高校思政教育从始至终一定要坚持党的领导，以马克思主义基本原理作为指引，坚守中国特色社会主义理论。依照大学生的个性与特点，对思政教育资源进行充分认知与总结，让其在知识构架上、内容呈现模式上以及开展形式上均能与大学生的兴趣爱好相匹配。并且，在高校中进行思政教育需要对政治、思想、道德、心理等多方教育内容进行深入发掘，并同我国优秀传统文化融合，整合学校中国文化理念，打造具备充实内容、多元化形式的思政教育系统。借助全程媒体技术，转化思政教育资源的内容呈现模式，并且多加使用主题视频与实践课程，通过轻松愉快的教育方式传递积极的思想，让学生对未来发展进行合理规划，勇敢去承担起时代的重任。

其次，在进行思想政治工作时，应当以理性说服为主，确保内容与大学生的思想实际密切相关。高校中的学生是思政教育的主要对象，教育者需要深入思考他们在学习生活过程中所面临的思维与观念的阻碍、他们的理论期待等问题。思想政治教育的目标就是让学生的思想问题得到有效解决。为了做到这一点，一定要深入掌握学生的思想现状，关注他们所关心的话题以及在日常学习与生活中遭遇的困扰。通过划分与融合专业性与时代性的思政教育资源，借助专题教育等多种形式，有目的地开展思政教育。并且，在高校中进行思政教育应该对教育引导多加注重。倘若设置了议题，但不能进行深入的认知与分析，缺乏正确与科学的观点指引，同样会对学生的思维观念造成困扰。所以说，教师需要同学生进行一定程度的思维沟通与心灵互动，激发学生的兴趣，确保教学内容能够被学生理解和吸收。

二、依托全息媒体，充分发挥思政课主渠道作用

全息媒体含有两层内涵：一方面，当今的媒体信息已然超越了传统的物理形态，群里信息的生成、宣传、储存等都多方面均以数据流动形式进行呈现。另一方面，全息媒体展现了新技术的宽泛运用，包括一些富有表现力的新型技术手段（如：AR、VR、MR 等），这些均在多个领域中得到运用，进一步推动了新旧媒体的整合。在贯彻立德树人根本任务上思政课扮演着重要角色，在落实党的教育方针的时候，一定要将思政课的主渠道影响充分发挥出来。随着全媒体时代的到来，以高校思政课教师讲授为主的这种教育方式将面临巨大的冲击。因而在全息媒体技术迅猛发展的进程中，高校思政课的教学模式亟待改革和创新。在高校中进行思政教育需要顺势而为，灵活应变，借助全息媒体技术促进教学方式的革新，并推动课程内容与学习形式上的创新。这意味着要提升思政课话语系统的解释与转换能力，使得思政教育取得更好的成效。

（一）与传统思政课堂的契合点

全息媒体给予了传统思政课堂强大的技术支撑，具备超越时空、跨终端、互动以及体验等特性，打破了之前教育模式的时空局限性。举例来说，借助增强现实（AR）和虚拟现实（VR）进行场景式教育，让学生在体验感上更加真实。并且，随着 5G 时代的到来，在基础通信技术方面，能够让全息媒体在网速上得到极大的提升，使原本受制于网速的 AR、VR 等媒体模式焕发出新的生机。全息媒体技术借助更加立体性、多视角、多形式的开展方式，让思政内容变得更具直接性与趣味性。这不仅在视觉与听觉上让学生的感受更为强烈，并且也能调动学生的兴趣与积极性。思政课教师能够借助这些生动元素，将有着鲜明时代特色与深刻意义的思政教育资源与思维观念呈现出来。这样给予思政课新的意义与鲜活感，注入情感，达到"融入式"教学成效。

（二）与思政教师队伍建设的契合点

在全息媒体环境下，思政教师的关键作用不可忽视。教师应以积极主动的态

度，适应信息技术的发展变化，主动学习和掌握全媒体技术，融入学生的网络世界。了解网络文化、学生的网络环境以及潜在意义上的网络风险，这样更加有助于思政教育有目的性地开展与进行。所以说，思政教育的老师应该不断学习全息媒体技术的知识进而掌握并实时加以利用，以更好地履行思政课的教育使命。高校在思政教育上，既需要注重制定全面的规划，又要关注基层建设，应该组织思政教育老师参与全媒体与信息化的专业性训练，同时保证政策上的支持与硬件设备的完备。鼓励并支持采用"微课""慕课"等多种模式，借助这些网络思政课堂教育方式形成"线上""线下"教育的整合，在线上学生能够观看教学相关视频，对课堂知识进行扩展，在线下与教师进行详细交流与探讨。致力于创建一批优秀的名师在线课程，对多媒体思政课的教学方式进行拓展，提升其覆盖范围与影响力，促使教育模式由传统的教师讲授转向以学生为主体的模式。借助数字化媒体与网络的便捷性，形成新型网络话语，达到师生的协同交流与进步，使思政课堂变得更加具有趣味性，调动学生积极性，增进老师与学生的亲近感，让学生能够自觉地学习思政教育的知识框架，理解马克思主义科学理论的内涵。

三、依托全员媒体，扎实推进全员育人

全员媒体意味着充分发挥全社会的力量，同时充分激发内部人们的参与性。如今的媒介技术生态环境中，每一个人均具备发声的机会，且均能够成为自媒体。值得特别强调的是，在新闻选择过程中，使用者的主动权日益增强，这就需要媒体借助多方力量，激发更多的使用者为其贡献内容，并且还应该支持与鼓励内部人员参加到其中进行宣传。在全媒体的大环境下进行思政教育，让教育者和受教育者在思政内容的获取上更加便捷与自由，借助共享与互动，能充分展示自身观点，突破了传统中被动性教育的不足。同时，也表明了不管是学生还是老师均能够扮演思政教育的主导角色，借助微博等平台传播我国传统文化，传达积极思想。另外，也应该对思政教育的质量进行加强，切实推动全方位、多角度育人，让思政教育从业人员与学生中的领导者发挥积极带头作用。

倘若想要让思政教师等思政教育从业人员发挥主导作用，必须建设一支拥有全媒体素质的思政教育团队。全员媒体就需要教育者较快融入全媒体时代，主动学习并与之互动，熟知全媒体平台使用方法与宣传特征。一方面，需要注重构建

专业教师队伍。专业教师应巧妙地把专业课同思政教育相关资料进行有效整合，把习近平新时代中国特色社会主义思想与社会主义核心价值观整合到实践教育教学里。同时，要强化对"课程思政"的认识，不仅在课上展现积极性，也要在课下积极参与。这样有助于提升他们运用全媒体进行多彩思政教育活动的熟练程度。另一方面，需加强辅导员团队的建设。辅导员一直处于高校思政教育工作的前沿，同学生的联系最为紧密。他们时刻观察着班级中每个同学的思维与观念，对学生的认知程度最为深刻。辅导员的工作是否得当，同学生的成长有着直接性关联。但是，学生的全媒体领域通常具有一定隐匿度，出现的状况与问题通常会被忽略。所以说，辅导员需要准确地把握全媒体开展的方法与途径，积极融入学生全媒体的"圈子"中，精准地了解学生在网络环境中的观念与想法。在尊重的基础之上，借助平等对话，在学生出现问题的时候能够即刻发现并对其进行正确指导，并且在此过程中辅导员还扮演着监督管理的角色。

调动学生干部与党员的积极性，让他们充分发挥主导作用。在高校里，学生干部与党员同其他学生密切接触，能够及时观察他们的思想与情绪。并且，他们也应该主动参与多种类型的活动，起到正能量的带头作用，他们对一般学生有着最直接的影响力。所以说，要发挥全媒体的教育影响，就需要依赖这个"重要少数"——学生干部与党员。这主要有两方面。

首先，在政治素养与价值观上注重对学生与党员的培养。学校需要多加关注并实施策略提升他们的道德品质与内在修养，使他们成为榜样与引领者。固定时间举办一些学习与教育活动，从而增强他们的党性修养，培养他们的服务意识，帮助他们树立正确的核心价值观等，同时促使他们参与志愿活动、社会性实践等。通过这些努力，让学生干部与党员不断增强思想政治能力，从而具备良好的道德品质，充分利用他们在年级与班级、社团与寝室以及网络中"朋辈教育优势"。

其次，强化学生党员与干部的媒介素养教育至关重要。媒介素养教育旨在培养他们对各类媒介信息的分析与认知、判断正误的水平，还有在学习与日常生活里准确运用媒介资源的技能。媒介素养是学生们对媒体进行认知、分析、应用的过程体现，同时还是塑造他们良好网络行为习惯不可或缺的关键成分。在判断高校思政教育成效的过程中，高校学生的媒介素养水平成为一个重要的评估指标。

提升学生干部与党员媒介素养教育，可以采取以下几项措施：第一，在实际教学中纳入媒介素养教育与网络行为相关规范。提升学生干部与党员对网络信息的正误判断水平，加强他们法律方面与政治方面的意识，让他们能够理性处理网络舆情，避免轻率评论和煽动言论。确保他们能够科学、正确对待网络并非法外之地。第二，鼓励学生干部与党员对主流媒体多加注重。主流媒体在传播任务上扮演着关键角色，其覆盖面较为广泛、品牌影响力较为强大。高校应将学生干部与党员作为主导，从而增强主流媒体资源的传播，并指导舆论，提升学生对主流媒体的关注程度。举例来说，《求是》杂志、《人民日报》、中央电视台等均是以党和国家为代表的主流媒体，这些主流媒体能够让学生干部与党员紧跟国内外时事热点，认知我国政策与方针。通过对优秀人物事迹的观看，培养他们的正确思想与观念，在媒体中能够表达正确观点，传播积极正能量，进一步实现自我思想教育与自我素质的提升。

四、依托全效媒体，构建高校思政教育传播矩阵

全效媒体内涵包括以下方面：其一，媒体实现了"功能转型"，具备娱乐、理财、社交等多种功能性，使"媒体服务"的概念界定得到显著扩宽；其二，媒体的"传播效果"方面成为一个综合性指数，不仅包含经济方面，也包含社会方面，同时还关注了用户体验与思想价值指引内容，媒体的"传播效果"迈入了追求全面效果的新时期。全媒体时代信息传播呈现分众化发展趋势，用户画像越来越清晰，场景匹配越来越精准。受众的差异化需求也可以利用大数据进行全面掌控。全效媒体使思政教育的传播更趋精准化，受众群体更清晰，反馈更迅速，师生互动更频繁。同时，全效媒体利用大数据的系统分析功能，使思政教育评价模式更加科学化、人性化。

（一）加强思政教育平台和阵地建设

在高校进行思想政治教育的时候，一直注重培养阵地意识与平台的构建。全效媒体的进步，也让思政课教学平台在建设上发生了转变，网络与移动端的思政教育在阵地建设上也迎来了全新的时代，总的来说含有以下两层。

其一，在全媒体发展的背景下，各高校主动研究建设思政课教学新平台和多

元化传播矩阵。这几年，成功构建了一系列内容丰富、形式多元化的教育教学平台以及具有特色的教学模式。借助全效媒体的力量，高校思政教育内容能够更快实现共建共享，让全效媒体的技术特色得到充分彰显，同时也让思政教育中的人才与资源优势得到充分发挥，打造一个有着多功能的思政教学系统。

其二，在网络与移动设备上一起构建影响力较大的多方位思政教育传播体系。全效媒体使得信息传播更加准确、精细化，在高校中思政教育平台与党建网站是传播的主要途径，需要以主流媒体的传播理念为指引，整合党建与实际思政教育工作情况，紧跟时代步伐，让高校媒体起到价值引领的积极影响，坚持社会主义核心价值观。同时，高校也需要主动构建移动端思政教育平台，移动教育平台是当代大学生获取资源内容的主要途径，如微博、微信等。有效开展大学生的思想引导工作，高校要适应新的技术发展时代，积极打造移动型思政教育平台，并借此传播多样化的思政教育内容，实现精准教学。

（二）改革思政课教育评价体系

借助大数据分析、挖掘功能以及云计算、人工智能等技术，通过对海量信息的采集与整理，能够达到教育的精准化。通过全媒体的数据分析功能，动态监测思政教育的实践成效并进行客观性评价，进一步完善评价体系与模式，让思政教育的科学性得到更大提升。这涉及两个关键方面。

其一，以全效媒体为工具，构建思政教育的常态化评价体系。高校中的思政教育工作具有常态化、系统化的特征，要想提高思政教育成效，坚持常态化评价是其中的关键步骤。为此，高校应建立科学的评价措施与模型，借助智慧校园与思政教育平台等多种资源，构建以学生和思想状况为因变量，以思政教育过程要素为自变量的评价模型。深入探究能够对思政教育产生积极作用、隐藏的，还没有被发掘的有关指标，从而完善目前的监测和评价指标系统，理性研究数据所呈现的影响因素及其成效。

其二，始终坚守以人为本的理念，对思政教育评价模式进行完善。在全效媒体的背景下，思政教育评价模式不只是需要对技术方面进行量化评价，也可以对思想政治教育的主体和客体进行情感上的评价；不仅要探究教育的政策规定、具体资料、教学方式等多个方面，也要从纵向与横向角度去评价主体和客体的行为特征。高校需要构建一个包括思政教育主体和客体意见的反馈平台，以最大程度借助全效媒体终端展示思政教育的资源，并且思政教育评价模式需要具备一定的人文关怀，基于人的特征，尊重老师与学生的实际利益，注重他们的需求，维护好学生的情感体验，整合教育者的主观性评价，突出"人情味"，有效让思政教育成效得到提升。

第三节　全媒体环境下高校思政翻转课堂教学改革

随着信息网络技术和新媒体技术的快速发展，高校思政课的教学模式由过去传统的教学模式逐渐发展成现在的翻转课堂教学模式。教学载体可借力多种新兴技术手段和互动平台，将之运用到高校思政教育中来，增强高校思政教育实效性和获得感。

全媒体时代，在教学过程中融入新媒体技术具备非常多的优势。思政教育中，新媒体技术的整合应用发生了诸多变革，最终发展为现今广泛采用的翻转课堂教学模式。

一、翻转课堂教学模式

教师在传统的教学模式里，课上主要是向学生讲授知识，然后在课后对作业进行分配，以便学生巩固与复习课堂内容。翻转课堂的教学模式正好与之相反，课前老师借助平台把课程资料上传供学生自主学习，学生对有疑问或者重难点进行标记，并在课堂上通过生生互动与师生互动进行解决，加深理解。此种模式不同于传统模式的机械传授，更具有针对性与目的性，老师也能够基于学生的基础性认知进行总结。

通过翻转课堂的教学模式，能够观察到老师不再是课堂的主导角色，学生逐渐占据了主导地位。教师的职责不仅包括按照教材传授知识，更多的是在学生学习的基础上解答问题、深化学生对知识的认知。所以说，由讲授为主要方式的传统课堂转变为以解答问题和疑惑为主要方式的课堂。通过翻转课堂模式具体实践案例能够发现，翻转课堂模式的三个主要优点：首先，学生在学习时间掌控上更为自由，能够依照自身的具体情况对学习计划进行调整，从而更有效地利用学习时间。其次，老师的教学内容的设计上更具目的性，学生能够在上课的时候针对自身的问题同老师探讨，能够更加全面、更加深入了解知识内容，并且让教学成效得以提升。最后，在此种模式中，老师能够更简便地检测学生的学习水平，并根据需要有目的性进行知识补充，让学生获取更加全面的知识。此外，全媒体环境也为该模式提供了更多的选择性，老师能够在多种教学平台进行课后作业的分配，也能够借助平台对学生疑问进行辅导。

二、全媒体环境下的思政课翻转课堂教学模式

（一）全媒体环境下的翻转课堂教学模式的应用价值

全媒体时代下的翻转课堂模式彻底颠覆了教师以往的教学理念，这代表了对现代教育理念的创新探索和成果。翻转课堂的教学方式是由一名美国高校教师最初提出并付诸实践，随后由于其卓越的教学成效，逐渐在教育界广泛传播。翻转课堂教学模式与以往的教学方式有所不同，在这种模式下，学生事先学习教师在平台上上传的教学材料，学生先是自己了解，并提出自身有疑惑的问题。课上时间，学生与学生或者学生与教师一起对其进行交流，相互讨论，这有助于深化对知识的领悟。

在新媒体技术迅猛发展的背景下，翻转课堂教学方式提供了更为优越的学习环境。老师能够借助多样化的媒介与多种 APP 来丰富课前教育资源。学生也能够直接在慕课等平台中对老师的课程资源进行学习，阅读和学习老师上传的学习内容，并在探讨区域中发表自己的问题，与同学线上互动交流。新媒体平台还可以借助网络实现一些在传统课堂无法实现的学习效果，同时也能打破了时间的局限性，让教学成效得到提升。

依照在高校思政课程中实施翻转课堂模式的具体应用成效，这一创新的教学模式明显增强了学生的学习积极性，让他们的学习范围不拘泥于传统课本，能够更好地适应当今时政发展趋势。这种教学模式将教师与学生两者的互动方式进行了改变。学生逐渐扮演起主导的角色，教师更多地充当学习过程的导师。教师不仅是去传递知识观点，同时鼓励学生自主构建对知识的认知，激发他们的思维方式。这种模式正好契合高校思政课程的教学标准，有效克服了传统教学的一些不

足。目前，在我们国家当中已经有非常多的高校尝试利用翻转课堂来进行教学，实践成效表明，此种教学模式获得了不错的成效。

（二）全媒体环境下的思政课翻转课堂教学模式分类

基于新媒体的思政课翻转课堂教学模式呈现出多元化，它借助多样的新媒体平台从而实现不一样的教学成效。为了满足高校思政课的具体要求，在实践过程中需要依照具体情况作出相应的调整，选择与之最为匹配的新媒体平台与最佳的教学方法。接下来将主要探讨我们国家在高校思政教育中，用翻转课堂进行教学时所采用的几种教学模式。

1.基于社交平台与校园网的思政课翻转课堂教学模式

在这一教学模式里面，新媒体工具说的主要有社交媒体平台与高校内部的校园网络。思政老师能够借助学校内部网络把上课前学生应该预习与了解的内容放到平台，为课上内容做好基础。教师能够借助微信群等社交媒体建立与同学的互动路径，这有助于教师在课前掌握学生在自主学习的时候遇到的问题，从而更好地备课，这样能够在上课的时候为学生提供详细的答疑，让教学成效得到提升。同时，在学校内部的教育平台上，思政老师还能够将教学内容与最新时政话题进行整合，激发学生热情并实时探讨。这样不仅能够提升学生对国家热点的关注度，还能够加深学生对教学内容的了解。此外，微博受到很多学生的喜爱，它传播信息的方式非常丰富，包括文字资源、图片资源以及视频资源等。微博的信息更新速度十分迅速，时常引发广泛的社会热点话题讨论，对学生的思想与认知产生深远的影响。所以，在社交媒体翻转课堂的教学过程中，部分思政老师会借助微博同学生进行交流与互动，并提供视频教育内容，同时借助创建微话题对当代的一些时政问题进行探讨。

2.基于慕课的思政课翻转课堂教学模式

采用慕课的教学模式，思政老师能够借助此平台让学生进行课前预习与探讨，同时这个平台上汇聚了非常多来自国内外优秀老师课堂讲解资源，这些资源涵盖课程十分广泛，老师与学生均能够免费使用。

在思政课程中结合慕课教学模式具有显著的优点。在慕课的平台中思政能够创建教学课程，上传相关教学视频，分发课程作业和测验，同时还能够及时掌握学生的学习状况与存在的疑虑与问题。这为思政课教学提供了更多灵活性和便捷性。学生在参与慕课学习的过程中，不只是能够获取本校老师的教学内容，同时还能够利用慕课平台提供的广泛学习资源，去学习不属于本校的思政课程，从多个角度深化对知识的认知程度。因此，老师需要大力探索慕课在翻转课堂教学过程的潜在应用价值，同时高校也需要支持与鼓励教师去制作更多高质量的慕课教学资源，不断去丰富与优化慕课教学平台内容。

3. 基于思政不同课程的思政课翻转课堂教学模式

思政课程属于高校当中的公共基础课程，主要含有毛泽东思想和中国特色社会主义理论体系概论（"毛概"）、马克思主义原理概论（"马原"）等。由于以上课程资料与教学特色具有一定的差异性，因此在实施翻转课堂的时候，老师需要依照不同课程特征性进行灵活教学。以"毛概"课程为例，学生需要学习的知识通常较为深奥，难以理解，因而学习动力相对较低。为解决这一问题，可在翻转课堂中运用专门的 APP 平台。此种 APP 不仅可以传上与共享老师的教学视频，同时还可以让师生之间进行沟通交流，更加具有灵活性，更能够吸引学生的注意力。

借助 APP 平台，通过"教师评价＋线上线下教师培训"的模式，推动老师的进步；通过"海量的资源＋平台＋服务"的模式，让思政课教学的改革有了全面性支撑；提供精品视频讲解案例，注重"全、精、新、活"的四大特征性；同时，还有跟踪时事热点；提供高质量的思政课件；进行思政讲座直播；提供图书音像和备课资源库；建立本校独有的高质量思政资源库；与产业、学术研究机构开展合作，实现共建共享优质教学资源。最后，简单对翻转课堂的实施流程进行介绍：在课前，充分利用丰富的资源进行备课，并发布调查问卷，提供资料方便学生进行课前预习，布置学习任务，对课堂教学活动进行设计；在课堂中，借助 APP 让学生进行签到，测验并掌握学生课前预习状况，布置抢答环节，进行课堂探讨活动，对课程资料进行发放；在课程结束后，采用线下方式进行沟通与互动，分发作业同时进行检查，上传与课程相关的课外内容，借助直播形式答疑解惑，及时变动教案，进行线下活动的组织与管理，对数据进行整理，查看成效。借助翻转课堂在思政课堂的应用，老师能够组织课堂签到、问题抢答、课堂投票、课堂测验、多屏互动、随机选人、资料共享、课堂报告、大数据分析、电子教案、教学评价等，让思政课程更加具有灵活性与趣味性，使思政课成为教师热爱、学生受益、实际运用有效的教育课程。

4. 基于"APP+VR"平台载体的思政课翻转课堂教学模式

VR（Virtual Reality），它代表着虚拟现实技术，属于计算机仿真系统，能够用于创造与体验虚拟的事物。用户可以在不同地区通过计算机和电子装置获得足够的显示感觉和交互，身临其境并可介入对现场的遥控操作。在思政课程中采用翻转课堂模式并结合虚拟现实（VR）技术，能够让复杂的历史事件呈现为虚拟场景，使学生能够沉浸其中并更深刻理解。此外，抽象性内容可以借助VR来进行模拟，进一步提升学生的认知水平。同时，教师也能够制作一些课前教学视频，以VR形式呈现，让学生真切去感受。举例来说，在历史课中，为了使学生深入理解红军在长征过程中所面临的艰辛，能够运用虚拟现实（VR）技术，让学生仿佛置身于长征的现场。他们可以在白雪覆盖的草地上，沿着悬崖与山路，追随长征军的足迹，亲身感受长征道路的崎岖和艰难，这样能够使教材中的文字内容更生动、更有实感。

进行思政课的教学过程中，老师能够引导学生观看高质量的虚拟现实（VR）课程材料，如"辉煌七十年，共筑中国梦"，让学生能够身临其境地去体会我们国家经济、社会、教育、科技等多方面的巨大改变与进步。这将会为思政课提供更多的教育机会，增强学生在思政课程中的学习体验。

综上所述，思政课堂需把新媒体与翻转课堂模式进行整合，以适应新时代的发展。这一整合旨在更有效地配置思政课教育资源，让思政课程更具教学价值，并根据课程的差异性选用与之相匹配的媒介平台，进一步将教学成效进行提升。

第四节　全媒体环境下高校思政教育实效性改革

全媒体环境下，高校思政教育工作既面临挑战，也迎来机遇。对此，本节以深入剖析上海教育系统的有关做法为切入点，以着力构建"学生—学校—政府"递进式互动传播模式为出发点，通过全媒体环境下加强高校思政教育关键路径和重点策略的研究分析，努力为高校思政教育提供兼具理论性和实践性的参考。

一、全媒体环境下高校思政教育实效性面临的挑战

（一）传播渠道由"单核"到"多元"

在传统的媒体环境中，信息传播主要通过单一的渠道，如报纸、电视、广播等传统媒体来进行。这种信息通过统一渠道自上而下抵达受众（包括学生）的模式，使得受众处于"被动"的地位，教育对象的信息来源也相对单一，符合传统教育模式，教育传播效果也比较理想。然而，随着互联网的普及和技术的发展，媒体环境逐渐转变为全媒体环境，传播渠道也由"单核"变为"多元"。全媒体环境下，人们可以通过多种渠道获取信息，包括电视、广播、报纸、网络、社交媒体等。这些渠道相互关联、互相渗透，形成了一个多元的传播网络。信息的传播不再是单向的，而是多方互动的。同时，全媒体环境下，传播媒体的形式也更加多样化，包括文字、图片、音频、视频等形式。

对于高校思政教学而言，全媒体环境无疑是一个全新、重大的挑战。传播渠道的多元化使得学生接触到的信息更加丰富多样，他们的注意力更容易分散。信息的真实性和可信度也面临挑战，网络上存在大量的虚假信息和谣言，学生需要具备辨别信息真伪的能力。因此，思政教学需要设计更有针对性的教学内容，提高吸引力和学生参与度；高校思政教学需要培养学生的媒体素养，提高他们的信息识别和分析能力；引导学生形成系统性思维，培养他们的批判性思维和综合分析能力。

（二）内容呈现由"系统"到"碎片"

传统媒体背景下的阅读和学习过程相对于全媒体时代的碎片化信息更需要读者的专注和集中注意力，其内容也通常更具有逻辑性和连贯性，需要读者投入较长时间进行阅读和理解。这种专注和集中注意力的过程有助于培养学生的注意力控制能力和思维深度，帮助学生理清思路和构建知识框架。相比之下，全媒体时代的碎片化信息缺乏逻辑性和连贯性，容易导致学习内容的碎片化和零散化。

互联网和数字技术的迅猛发展使得信息的获取和传播变得更加便捷和快速，信息量急剧增加。人们可以通过手机、电脑等终端设备随时随地获取各种信息，然而却面临着大量的信息来源和内容选择。这种信息爆炸和技术进步的背景下，

由于时间和精力的有限，人们的注意力变得更加分散，时间和空间被碎片化。

当然，信息碎片化并不是完全没有积极影响：学生可以通过多种渠道获取各种类型的信息，拓宽知识面和视野，也可以根据自己的兴趣和需求进行个性化学习。但是，碎片化的信息很容易导致学生注意力分散，倾向于浏览和阅读表面信息，而忽视深入理解和思考，难以集中精力深入学习和思考。面对大量的碎片化信息，学生容易陷入信息过载的困境，难以辨别信息的真实性和可信度；思维的碎片化，难以形成系统性思维和综合分析能力。

碎片化信息通常以简短、直观的形式呈现，如社交媒体的推文、短视频等，这种表达形式更容易引起读者的情绪共鸣，触发情感反应。情绪化的信息更容易引起读者的注意和共鸣，从而在社交媒体上引起广泛的关注和传播。但是，碎片化信息的情绪化特点通常是简短的，缺乏深度和全面性，阅读者容易更倾向于情感反应和情绪表达，而忽视对信息的理性思考和深入分析，导致片面性和情绪化的判断。

（三）意见表达由"实体"到"虚拟"

在实体媒体时代，意见表达是单向的，由媒体向公众传递信息；在虚拟媒体时代，人们可以通过社交媒体平台、博客、论坛等渠道直接发表自己的意见和观点，与他人进行互动和讨论，参与度的提高使得意见表达更加多样化和广泛化。

在网络媒体平台上，人们可以选择匿名的方式表达自己的意见，这使得一些羞于在实体媒体上公开表达的观点得以释放。因此，虚拟媒体平台提供了更大的自由度，人们可以更加自由地表达自己的观点，不受时间和空间的限制。在网络虚拟空间中，学生可以用匿名身份或隐藏自己的真实身份，但这样自然容易减弱学生对自己行为后果的责任感，更容易作出不负责任的行为——因为觉得不会受到实际的惩罚或后果。网络空间中存在大量纷杂的信息和观点，其中不乏不负责任、不准确或具有误导性的内容。学生的判断力和自制力较差，容易受到这些信息的影响，导致他们对责任、规则和自律的理解产生偏差，甚至出现违背社会公德和价值观的行为。虚拟空间的使用也会导致学生与现实生活中的人际关系疏远，形成一种虚拟社交圈子，在这种虚拟社交中，学生容易受到网络群体行为的影响，跟随他人的行为，放弃个人的责任和自律。

二、全媒体环境下加强高校思政教育实效性的关键路径

（一）搭建学校展示平台，丰富育人维度

高校可以建立自己的在线平台，如网站、微信公众号、移动应用等，用来发布教育资源、教学活动等，并展示思政教育的内容和成果，吸引学生和教师的关注和参与。在信息手段的协助下，高校可以通过多种方式来丰富思政教育的内容和形式，如组织线上线下的讲座、研讨会、论坛；或开设在线课程、学习社区等，提供多样化的学习资源和交流平台。

在全媒体环境下，高校可以通过与学生和社会群体的互动来实现教育与人的同频共振。通过线上问答、互动讨论等方式，与学生进行实时的思想交流和互动。同时，高校还可以利用社交媒体等平台，与学生和社会群体建立更紧密的联系，了解他们的需求和反馈，以便更好地调整教育内容和方式。

比如，上海高校在 2019 年中华人民共和国成立 70 周年之际，推出了依托微信公众号平台的 "我和我的祖国" 主题快闪活动，通过网络拉歌接力的形式庆祝中华人民共和国成立 70 周年。复旦大学和上海交通大学的学生们分别唱响了校歌、青春歌曲和《歌唱祖国》，表达对学校和祖国的热爱。活动中还有知名教授、教师代表和年轻学子的参与，展示了两校学生们的精神面貌、爱国热情。

（二）协同社会主流媒体，拓展育人广度

如果说学生和学校的积极互动形成了第一层 "自转与公转" 的良好传播效果，那么尝试与具备强权威、高速度、广覆盖的社会主流媒体合作，就是高校间协同参与共同围绕思政教育 "大中心""公转" 的有力尝试。比如，2018 年 9 月，上海市教卫工作党委协同上海人民广播电台与上海 30 所高校合作，推出系列短音频《一句·上海高校校训的故事》，以校训为入口，挖掘凝练各高校校训背后的来历掌故、建校故事、知名校友事迹等，既充满历史厚重感，又生动活泼，具有很强的可听性。上海交通大学篇中说道："在云南大理，年过花甲的孔海南教授，用 13 年坚守洗净了洱海 256 平方公里湖水；在大洋深处，凝聚着上海交大智慧的无人探测器，不断突破极限，探寻未知的海底世界。" 仅凭这几句话，便勾勒出一代代上海交大人践行 "饮水思源爱国荣校" 校训的生动形象，引导大学生对正能量的感悟和追求。

(三)联动线下现场活动,探索育人深度

全媒体时代,高校思政教育的新动力源于资源整合和力量聚焦。例如近年来,上海着力于"四个联动"以及"百千万工程",推出了"给'00后'讲讲共和国"演讲展示活动,通过主题演讲、沙龙讲座、党团活动等方式,将共和国历史和成就与高校思政教育相结合,让学生懂中国、爱中国。上海市教卫工作党委、市教委还举办了"我和我的祖国——上海市教育系统庆祝中华人民共和国成立70周年主题活动"以及《给"00后"讲讲共和国》特别节目,邀请了多位嘉宾现场演讲,致力于做精内容、做大影响,让学生懂中国、爱中国。

三、全媒体环境下加强高校思政教育实效性的重点策略

(一)激发学生能量

能否调动学生的积极性,是思政教育取得成效的关键环节,通过内容视角、情感共鸣等多种方式把这种能量真正激发出来,才能取得事半功倍的效果。一方面,在内容视角上既要在宏观层面树立和坚持正确的历史观、民族观、国家观、文化观,又要在微观层面遵循学生成长和发展的规律,满足学生的需求和期待,如《一句·上海高校校训的故事》中校训虽然只有几个字,却承载着一所高校几代人的共同记忆,蕴含着深厚的精神内涵,选题角度符合在校师生乃至毕业校友的内心精神诉求。另一方面,在情感表达上要"从群众中来,到群众中去",充分发挥学生的主观能动性,让学生从旁观者变成参与者、推动者、传播者,如在"我和我的祖国"主题快闪活动中,各高校学生展现了极强的自主性和积极性,或是积极参与拍摄,或是参与后期制作,或是自发浏览、转发。只有内容与精神同频共振,传统广播与新兴媒体相得益彰,才能极大丰富高校思政教育的内容和形式,提升传播效果,有力促进在全社会形成良好的育人氛围。

(二)创新传播形式

思政教育要赢得学生认可、取得良好效果,形式与方法的适用性、创造性同样需要高度重视。第一,要在传播广度上下功夫,广泛应用多种平台全方位推广内容,扩大覆盖面和影响力,有效抵御不良信息,如《给"00后"讲讲共和国》特别节目通过"看看新闻 Knews""话匣子 FM""阿基米德 FM""腾讯·大申

网""腾讯教育平台"等新媒体进行了同步直播，总浏览量近百万，形成思政立体化教育格局。第二，要在传播深度上下功夫，专注应用有效平台精准化推广内容，提高内容与形式的契合度，推进落细落小落实，如自媒体传播与"快闪拉歌"这一表现形式属性契合，贴近当代年轻受众信息接收习惯。这一传播形式为学生所喜闻乐见，有效拉近了学生与思政教育之间的距离，达到了"润物细无声"的思政教育效果。

（三）丰富成果转化

兴趣是最好的老师，也是思政教育的重要关注点，学生在哪里，工作就要做到哪里，就要把引导放在哪里，就要把教育放在哪里，而教育要抵达学生内心，更要创新表现形式，符合学生的接受需求。在全媒体时代背景下，思政教育更要做精线下，做活线上。此外，除了成果形式"单边"转化，还要进一步探索成果内容"多边"转化，延续品牌效应，形成育人"啮合齿轮"。

综上，全媒体时代提升高校思政教育实效性并非一日之功，更不能千篇一律，要着眼于通俗易懂、表现力强、覆盖广泛等方面，要因时因势形成思政育人资源"中央厨房"，更要因校因人不断提高思政育人科学化、规范化、制度化水平，唯有如此才能有效发挥"公转"与"自转"相契合的齿轮效应，汇聚正能量、振奋精气神。

第五章 高校思政教育的创新

当今社会对于人才的需求不断提高,所以高校应该积极加强对学生思政工作的推进和实施,以实现对于学生实际能力的培养,以及更好地促进学生的全面发展。除此之外,高校还应该结合实际的教育教学情况以及学生的情况来进行科学合理的安排和实践,对思政教育工作进行合理有效的创新,及时对教育教学方法和策略进行调整以及创新改进,提高教育教学的效率,促进我国思政教育教学的良好发展。本章为高校思政教育的创新研究,主要从高校思政教育创新的内容、高校思政教育创新的途径与方法、高校思政教育创新的意义三个方面展开。

第一节 高校思政教育创新的内容

一、高校思政教育创新的必要性

(一)社会发展引起思想变化

大众传播媒体和网际空间的渗透改变了信息获取和传播的结构。传统的信息来源,如书籍、报纸、电视等逐渐被互联网、社交媒体、在线新闻等新媒体所取代,单向传播模式被互动性和多向性的传播方式所取代,思想表达和表征的方式由此发生了变化。大学生可以更加便捷地获取各种信息,并通过社交媒体平台参与讨论、表达观点,不仅拓宽了知识面和视野,也形成了更加多元化和开放的思想交流环境。因此,为了应对信息渗透以及教育对象主体性的增强,思政教育必须采取改革策略,摆脱约束和模板式的说教,提供更多有针对性、指导性的引导和帮助。

在多元化的价值观念冲击背景下,高校思政教育需要提供一个开放、包容的学习环境，更需要帮助学生建立正确的价值观念。在面对各种不同的价值观念时，学生容易感到困惑和迷茫。高校思政教育应当引导学生审视和思考不同的价值观念，并帮助他们理解和判断其中的优劣之处。

（二）优化高校思政教育功能

现代社会已经进入了全球化时代，各国之间的联系和相互依赖程度不断增加，在这样的背景下，社会的发展已经不再局限于国内，而是需要面向整个世界，积极参与全球合作与竞争。科技的快速发展为社会带来了前所未有的机遇和挑战，因此现代社会需要不断面向未来，积极迎接科技创新和变革。现代社会越来越重视人的尊严、自由和平等，注重个体的发展和幸福感。只有使人得到全面发展，社会才能实现可持续发展和进步。

综前所述，必须革新高校思政教育的方法，强化高校思政教育的功能。面向世界、面向未来的思政教育应该培养学生的国际视野，培养具有全面发展意识、社会责任感和公民意识的大学生。通过思政教育，大学生能更深刻地理解自己的权利和责任，学习如何积极参与社会事务，培养自主思考、创新能力和批判精神，从而更好地适应和参与现代社会的发展。现代社会变革快速，面临着各种不确定性和挑战，因此思想政治教育也应该培养学生适应变革的能力，包括灵活的思维方式、创新的思维方式、解决问题的能力和逆境应对能力。

高校思政教育的核心目的是培养学生的思想道德素质、社会责任感和创新能力，使其成为具有全面发展的公民。为了达到高校思政教育的核心目的，需要创新教育方法，采用更加灵活、多样化和互动性强的教学策略。同时，还可以利用现代技术手段，如在线教育平台、虚拟实验室等，扩大思政教育的覆盖面和影响力。

（三）克服传统思政教育的弊端

在以往的计划经济体制下，高校思政教育模式以集体观念为先，过分强调"社会本位"，单向传递知识和价值观，缺乏学生的参与和互动，忽视个体的差异性和多样性。思政教育的目的在于满足学生全面发展的需要、塑造"完整的人"，因此，思政教育应该关注和尊重学生的主体性，鼓励学生主动参与、思考和表达，提供多样化的思政教育内容和方法。

高校在开展思想政治教育时，不仅要向学生传递正确的思想观念，批评错误的思想观念，还要注重培养学生的自主思考、选择和决策能力。正面灌输是指向学生传递正确的思想观念、道德价值观，反面批评是指对错误的思想观念进行批评和辩证分析，使他们形成正确的思想认识，认识错误观念的危害性和不合理性。这是思政教育的基础，通过正面灌输，学生逐渐了解社会主义核心价值观的内核、国家法律法规要求等，形成正确的思想基础；对错误观念进行辨析，避免受到其不良影响。然而，仅进行正面灌输和反面批评是不够的，还需要注重培养学生的预测、选择和决策能力。在未来走出大学校园之后的社会生活中，学生会面对各种各样的复杂情境，需要在权衡多方利弊的情况下预测可能的结果并作出正确的选择。只有培养学生的预测、选择和决策能力，才能帮助他们更好地应对现实生活中的挑战和困难。

高校思政教育应关注每个学生个体的兴趣爱好和能力特长，鼓励学生培养独立健康的个性。

每个人都有自己的特长，关注个体差异和个性培养可以帮助大学生更全面深刻地认识自己、更好地发展自己的个性潜能。在大学阶段，很多学生面临着对未来的迷茫和选择困难，甚至世界观、人生观、价值观的动摇。通过正确的思政教育引导，大学生能够对自己的定位和职业倾向作出更为合理的判断，更加清晰认识到自己的优势和兴趣所在，培养自己的特长，从而发挥自己的优势，更好地规划自己的人生道路，实现个性的全面发展；认识到自己的社会责任，形成使命感，为社会发展和进步做出积极的贡献。

大学生需要在学习和生活中培养自主性，即主动思考、独立决策和自我管理的能力；在学业和社会竞争中需要具备一定的竞争意识和竞争能力；需要具备批判性思维，能够独立思考、审视问题，提出合理的观点和解决方案。但同时，他们也应该学会通过他人的力量，寻求帮助和合作。正确处理自主性与依赖性的关系，可以帮助大学生在成长过程中找到平衡，既能够独立自主地解决问题，又能够与他人合作，共同完成任务。因此，高校思政教育有必要引导大学生正确处理自主性与依赖性、竞争性与合作性、批判性与适应性的关系，确保他们在适当竞争的前提下，学会与人保持良好的合作，发展良好的团队能力和协作精神，全面发展个人能力，培养健康的人际关系，提高问题解决能力和适应能力。这样，大学生才会更好地适应社会发展的需求，为个人和社会的进步作出积极贡献。

二、高校思政教育内容创新的依据

（一）理论依据

思政教育的理论基础和依据来自马克思主义的基本理论。马克思主义学说本身是与时俱进、灵活的理论体系，思政教育本身的内容自然也应该随时代革新。"人的本质不是单个人所固有的抽象物，在其现实性上，它是一切社会关系的总和。"[1] 人的发展受制于历史和社会条件的制约，全面发展自然也应该满足特定社会条件。所以，教育也应该为每个学生提供表现自我、发展自我的机会。

（二）实践依据

实践领域的思政教育包括国内和国际两个层面。

首先，思想政治教育在国内社会的各个领域，从经济活动、管理活动到业务活动，都有深入的影响和渗透。在经济领域，思想政治教育的理念和价值观会对经济行为产生影响，企业在经营过程中需要遵守法律法规、尊重劳动者权益、注重社会责任；在组织管理中，思想政治教育的内容会渗透到管理决策和组织文化中，组织需要培养员工的责任感、团队合作精神、诚信意识等；在各行各业的专业领域，思想政治教育的观念和原则会对从业人员的行为产生影响。

在市场经济体制下，竞争格局的形成使得经济活动更加激烈和复杂。大众传播媒体的发展，尤其是互联网的普及，使得信息传播更加广泛和迅速。与此同时，经济和科学技术的发展也带来了一系列环境问题和生态问题。在此背景下，高校思政工作应该致力于培养具有高度社会责任感和环保意识的人才，通过思政教育，使学生了解和认识环境问题的严重性，并培养解决这些问题的能力和意愿。在市场经济体制下，利益至上的观念会对个人和社会产生负面影响，高校思政工作的任务就是通过合理的教育和引导，帮助学生树立正确的价值观，在面对竞争和利益冲突时作出正确的选择。在互联网高度发达的今天，人们在网络平台的行为和选择也具有更加特殊的意义。高校思政工作应该培养学生的社会责任感，让他们

---

[1] 刘钻吉.人的本质问题之所见[J].齐齐哈尔师范高等专科学校学报，2012（1）：2.

意识自己的行为对环境和社会的影响,并以严肃端正的态度面对网络上的各种信息与价值观。

为确保教育效果,高校思政教育理论应真实地反映社会现实,为社会实践服务。在课程设计中,注重将理论知识与社会实践相结合,通过案例教学、小组讨论等方式,让学生主动参与、实践和应用所学知识,培养解决实际问题的能力。

其次,全球化和多极化使得不同国家、不同文化之间的交流与融合更加频繁,世界各地的人可以通过各种渠道获取信息和知识,包括互联网、社交媒体等,导致不同的价值观念和思想体系产生碰撞。全球化和多极化也使得国家之间的联系更加紧密,国际关系和政治环境更加复杂多变,国家主权和认同面临着更多的挑战。因此,思政教育面临更多的选择和挑战,需要帮助学生进行有效的信息筛选和思考,帮助学生理解和应对意识形态领域的挑战,培养他们的国家意识和文化认同,同时也要教导他们尊重和包容其他国家和文化。

三、高校思政教育内容创新的具体要求

思政教育的内容是思政教育目标和任务的具体化,科学选择和确定思政教育的内容是实现思政教育目标和任务的重要环节。因此,高校思政教育内容创新应遵循以下要求。

(一)关注社会现实

由于思政教育内容和方法的滞后,以及社会变革带来的挑战,当前我国的思政教育面临滞后于社会实际发展及其需要的问题。当前,社会发展迅速,思想观念和价值观念也在不断变化,但有些思政教育课程的内容和方法仍然停留在传统的教育模式上,无法满足当代学生的需求。很多学生对思政课程的重要性和实用性认识不足,教师队伍中存在许多教学理念陈旧、教学方法单一的情况,教育体制中对思政课程的评价和考核机制也存在问题,思政教育内容滞后于社会需求。

思政工作者应该密切关注社会的变化和发展,了解当代大学生所面临的问题和需求,征求青年群体的意见,从而更好地把握社会实际情况。教师及时更新教材和教学内容,使其与时俱进,如可以引入一些当代热点问题、社会问题和学生关心的话题,使思政教育内容更贴近学生的实际思想状态。教师可以尝试引入多

样化的教学方法，激发学生的思考，并提高参与度。同时，也可以通过实地考察、社会实践等方式，让学生亲身体验社会实践并思考现实问题。

思政工作者可以尝试将思政学科与其他学科，如经济学、法学、文化学等相融合，开展跨学科的教学活动，探讨相关问题，提供多元化的思考视角。

（二）符合专业要求

传统的教育观念认为专业知识和技能是高等教育的核心内容，而思政教育常被认为是"次要的"或"附加的"内容。我国高校教育体制和评价机制也过于注重专业知识和技能的考核，对思政教育的重视程度相对较低。这种片面的观念导致学生和教师在教学过程中更加关注专业知识和技能的学习，而忽视思政教育的重要性，导致专业理论和技能学习与思政教育的分离。许多专业课教师本身在专业知识和技能方面具有较高的素养，但在思政教育方面的专业素养和教学方法相对不足，在教学过程中只注重传授学科知识和技能，而忽视了思政教育的内容和方法。

这种人为地将专业理论、专业技能学习与思政教育分裂开来的现象会造成一系列弊端。思政教育是培养学生综合素质的重要环节，也是培养学生的社会责任感和正确价值观念的重要途径，涉及学生的思想道德、文化素养、社会责任等素质的培养，关乎学生的社会参与和社会担当，将其与专业知识和技能学习分开，会使学生得不到全面发展，缺乏对社会问题的关注和思考能力。将专业理论和技能学习与思政教育分裂开来，也会导致教育目标的失衡。

大学生专业学习与思想教育的分离的后果包括学生思想偏离、人才培养目标失衡、社会问题加剧、人才竞争力下降。如果大学生只注重专业知识和技能的学习，而忽视了思想道德、社会责任等方面的教育，就会缺乏正确的价值观念和道德观念，导致思想偏激、缺少社会责任感。大学的教育目标是培养全面发展的高素质人才，而大学生如果忽视思想道德和社会责任的培养，会成为缺乏社会担当和创新精神的专业人才。大学生是社会的中坚力量，他们的思想观念和行为方式对社会的发展和进步具有重要影响，其专业学习与思想教育如无法有效联系，就会缺乏对社会问题的关注和思考能力，无法积极参与社会建设和解决社会问题，导致社会问题的加剧。在当今社会，综合素质和创新能力对人才的要求越来越高，忽视思想道德和社会责任的培养会使大学生综合素质和创新能力受到限制，从而导致人才竞争力的下降。

综上所述，为了促进大学生的全面发展，思政教育的内容必须紧密贴合学生的专业素养。具体来说，可带领学生了解专业领域的伦理准则和职业道德要求，引导学生树立正确的职业道德观念，培养诚信、责任和敬业精神；培养学生的创新意识和创新能力，鼓励他们在专业领域中寻求新的解决方案和创造性的思维方式；引导学生关注社会问题，了解自己的专业如何与社会发展和民生需求相结合，培养学生的社会责任感和公益意识；提供职业规划指导，帮助学生了解自己的兴趣、能力和价值观，从而做出明智的事业选择和职业发展规划。

（三）贴近学生思想实际

我国高校思政教育长期没有得到更新发展，内容陈旧，说教色彩浓重，且忽略学生差异性，因此教育效果不甚理想。所以，高校思政教育内容安排应做到具体问题具体分析，对症下药，不仅要进行马克思主义及人生理想教育、形势与政策教育；还要开展学生的就业观念教育、心理健康教育等，有的放矢，为大学生解决现实问题。

四、高校思政教育创新的理论指导与原则

思政教育是指某一国家、政党、社会团体、社会组织为实现其追求的政治理想和奋斗目标，或者完成其与政治相联系的工作任务，动员其成员和社会公众共同参与并对其成员及社会公众所进行的政治、思想、道德的教育，或者施加相应影响而进行的实践性活动。思政教育是一门独立的学科，有专门的研究领域和对象。在新的历史时期，思政教育需要理论创新和实践活动的创新。

高校思政教育面临的新情况、新问题迫切需要创新。首先，我国实行社会主义市场经济体制以来，社会转型使人们思想发生新变化，市场经济的负面影响也带来了新问题。高校大学生群体和其他群体身处其中，不可避免地要受到相应的影响。其次，改革开放以来，西方的政治、文化、意识形态通过各种途径得以传播，对我国产生了一定的影响。由于大学生获取新信息的途径增多，因此所受影响更直接。最后，当代大学生由于自身的经历、认识和鉴别的能力限制，更需要及时

加以引导、教育，以分清是非，高校思政教育的创新应适应形势的要求，发挥思政教育的功能和作用，引导大学生健康成长。

（一）高校思政教育创新应坚持的理论指导

1. 合力发展，严格秩序

加强和改进新时期的思政教育，人们探讨的问题之一是如何实现社会、家庭、学校的密切配合，党政工青等的齐抓共管，实质上就是如何凝聚思政教育的力量，形成一种合力，有效开展思政教育，因此研究如何形成和加强思政教育的合力，具有重要的现实意义。

（1）思政教育合力的含义与特征

所谓合力，乃集合之力，即联合起来的力量。思政教育的合力是指实施思政教育的主体，以及对教育对象可能施加影响和作用的其他主体，依照共同的目标自觉、有意识地结合起来形成共识，共同进行思政教育。其目的是提高思政教育的力度，扩大思政教育的影响，增强思政教育的效果。

（2）思政教育合力的作用

形成思政教育的合力，就可以完成各种力量的集成，在统一要求下，实现互动、和谐，向着一个目标努力；对教育对象的活动空间施加更多的影响要素，丰富教育内容和教育方式，强化接受的程度，减弱或抵消负面的作用与影响；使教育对象置于多渠道的正面作用和监督之下，实现内在认知和外在约束的有机结合。

（3）关于合力的创新实践探讨

第一，目标明确，朝着一个方向努力。形成思政教育的合力，应明确思政教育合力的目标指向，尽管目标不一定会完全实现，但没有目标则注定是盲目的。首先，确立的思政教育目标应是综合、全面的，不是单一的，应包括实现党的路线方针政策方面的目标；对教育对象的思政、道德品质塑造的目标；实现人的全面发展方面的目标；促进社会和谐进步，促进现代化建设，促进物质文明、政治文明、精神文明发展的目标。其次，应明确各地区、各部门工作进展、事业发展，以及具体工作任务的完成度与思政教育的关系，它们之间不是对立、矛盾的，而是一致的，思政教育只能促进各项工作，决不会阻碍工作的进展。最后，思政教育效果的出现需要一个过程，思政教育的效力受到多种因素的制约，不应要求立竿见影，而应有一个过程。且在某种情况下，其作用是潜在的，不是直接的，但有与没有是不一样的。

第二，责任清楚，考核机制健全。构成思政教育合力的各方主体，在履行思政教育职能时，尽管有时界限不一定十分清楚，但仍应有相对特定的工作划分，各自应当干什么，怎么干，应分工明确。首先，各类主体应努力在自己的职责范围内承担起责任，如对教育对象实施管理的单位和人员，应结合管理工作，在实施管理的过程中，进行思政教育。包括由管理工作的内容引申出思政教育的内容，边管理边教育，以管促教，以教促管；包括进行与管理工作内容有关的思政教育；包括进行与管理工作内容关系不很密切，但与形势发展和客观环境密切相关的思政教育。其次，专职从事思政教育的单位和人员应承担起组织协调的任务。思政教育合力的形成不是自发的，专职从事思政教育的单位和人员有责任、有义务，对与教育对象有关的各类主体，进行组织、协调和倡导。一般来说，凡是形成合力较好的单位，除了领导重视之外，都离不开专职从事思政教育的单位和人员的有效工作。最后，应建立客观、完善的考核评估机制。思政教育合力的形成，既需要各类相关主体的正确认识和主动性、积极性，也需要有效的考评机制制约，建立客观、完善的考评机制，将思政教育的工作状况作为考核的项目、内容之一，纳入对各级组织、各单位、各类实体的考核体系之中，对合力的形成会起到良好的推动、促进作用。

第三，主动配合，相互促进和制约。思政教育的合力能否形成，形成到什么程度，取决于各相关主体的认识和工作状态。只有思政教育人员的倡导，但各直接责任主体认识不到位，行动不自觉，缺少积极性，仍然很难形成思政教育的合力，各类主体应充分认识自己在思政教育中的职责，确保工作到位。同时，努力做到以下各点：首先，主动与其他主体配合。与教育对象有关的各类主体应注意两个方面的配合：一是围绕同一思政教育主题所进行的必要配合，二是各职能部门因业务工作上的必要联系而进行的思政教育的配合。其次，不断总结经验，互相借鉴和促进。某一责任主体能结合自身进行思政教育的情况，总结提升、形成经验，可以对其他主体产生借鉴作用，互相促进，共同提高。最后，各主体间应多吸收正面、积极向上的东西，摒弃消极、负面的东西。

第四，求真务实，力戒形式主义。在实施思政教育过程中，容易引起教育对象反感和排斥的问题之一是片面追求形式，不注重实效，如果仅将思政教育的合力视为形式，或某一主体实施思政教育时仅注重形式，那么很难收到实际效果。应当说，思政教育的进行离不开相应的载体，教育的形式必不可少，不以相应的形式进行教育，就无从谈起实质上的教育。关键在于形式选择的合理性、恰当性。首先，要树立以人为本的理念。思政教育不是利用人服务于己，将人作为利用的对象或工具，而是给予人、服务于人，促进人思想道德素质的提升和全面发展，进而促进社会的发展和进步。如果教育对象切身体会到了思政教育对自己的积极作用，就不仅不会排斥，还能主动配合，自觉接受教育。其次，重实效反对形式主义。思政教育的实效，表现为教育对象对教育内容的接受并反映在自己的行为中，使自身的综合素质得到提升，在社会的发展进步中有所作为，成为积极的推动力量。为此，应正确地处理内容与形式、过程与结果的关系，从事业和人民群众的根本利益出发，开展思政教育。最后，坚持与时俱进，开拓创新，创造思政教育的新局面。创新的时代，创新的要求，思政教育必须与时俱进。思政教育的创新包括体制与运行机制的创新，教育途径和方法、方式的创新，评价和考核标准的创新，观念和思维的创新等，这是思政教育的生命力之所在。

2. 与时俱进、开拓创新

与时俱进是马克思主义的理论品质，是中国共产党思想路线所体现的时代内容，是中国共产党人具有的政治品质、思想观念、精神状态和境界。

体现时代性，就是全部理论和工作都要按照时代变化和历史趋势发展，既不可停滞不前，也不能超越特定时代和客观条件而空想、冒进。这就要求把所处的时代搞清楚，把党的历史方位搞清楚。党的二十大精神融入思政课教学，其实质就是全面推进习近平新时代中国特色社会主义思想"三进"的过程，是教学主体、内容、环境等诸要素相互影响、相互作用的动态教育教学过程。党的二十大报告指出："意识形态工作是为国家立心、为民族立魂的工作。"[1]当前，面临"两个大局"的时代背景，必须"巩固壮大奋进新时代的主流思想舆论"，用党的二十大精神引领新时代意识形态工作。中国正处于全面建设社会主义现代化国家的关键时期，新挑战、新问题会不断出现。在复杂多变的形势下，一定要充分认识做好

---

[1] 王慧. 提高党的意识形态工作能力 [EB/OL]. （2021-12-24）[2023-07-12]. http://theory.people.com.cn/n1/2021/1224/c40531-32315790.html.

高校意识形态工作的重要性，全面落实意识形态工作责任制，充分认识意识形态领域斗争的长期性、复杂性和艰巨性，保持清醒头脑和政治定力，时刻绷紧意识形态这根弦，发扬斗争精神，增强斗争本领，保持清醒认识，站稳政治立场，始终坚持和不断巩固党对高校意识形态工作的领导权。

把握规律性，就是全部理论和工作都要把握事物运动过程中内在、本质、必然的联系，一定要按照客观规律办事。当前，尤其要重视和把握三大规律，即共产党执政规律、社会主义建设规律和人类社会发展规律。

富于创造性，就是全部理论和工作都既要继承前人，又不墨守成规，做到"四有"，不断有所发现，有所发明，有所创造，有所前进。思政教育只有遵循与时俱进、开拓创新的原则，才能体现出思政教育的生命力，才能有效发挥思政教育的功能和作用。首先，社会的发展需要思政教育的与时俱进。其次，教育对象的思想变化要求思政教育的与时俱进。最后，教育方式与手段的变化要求思政教育的与时俱进。

思政教育要与时俱进，首先，要密切关注社会的发展变化，认清社会发展的趋势，坚持发展着的马克思主义。从事思政教育的工作者，应当密切关注社会发展的走向，研究社会发展给人们带来的思想变化和人们对精神文明的需求，实现教育到位，实现准确、及时、有效。其次，及时了解教育对象思想的新特点，调整相应的教育内容。教育对象的思想将随着社会的发展变化不断变化，具有时代的特点，与此相应，思政教育应当及时研究这些新特点，探寻思政教育的规律，调整思政教育的内容。最后，运用科技发展创造的良好条件，采取现代化教育手段。人们已经进入信息时代，网络技术、多媒体技术和其他传播技术，为思政教育的实施创造了崭新的环境和条件，提供了现代化的教育手段，思政教育应当有效地加以运用。

3. 实事求是、从实际出发

（1）要反对落后于现实实际或者超越于现实实际的倾向

思政教育一旦落后于现实实际，就会表现为观念的落后、教育内容的落后、教育方式与手段的落后、对教育对象的保守与落后等，教育对象很难接受此类教育，哪怕教育者真情实意，积极投入，也很难收到实效；反之，思政教育超越了现实实际，表现为设定的目标过高、对教育对象的要求过高、期望值过高，教育的内容超越现实，同样难以为教育对象所接受，难以收到实效。在思政教育实践中，经常能听到从事教育的人抱怨不断，认为投入很多，效果不佳，把责任推到教育对象身上，认为他们思想特殊，难以教育，这是不妥当的，反倒应当从自身找原因，看是否脱离了实际。

（2）要反对物化教育或者空洞教育

在市场经济环境下，人们可以解放思想、公开合法地追求个人利益，社会也努力创造公平竞争的环境。人们的思想更为务实，此时的思政教育容易产生的问题：一是为迎合教育对象的心态放弃正常的引导性教育，转而进行实用主义的教育或者物化教育，如果这样势必降低思政教育的层次，此类教育哪怕教育对象较欢迎，也应注意改进；二是空洞的教育，在教育中追求形式主义，只重形式不顾效果，对下教育夸夸其谈，对上汇报成绩卓著，却忽略了教育对象的实际接受程度，这种教育同样是无效的或基本无效的，甚至引起教育对象的极大反感。

（3）要反对无能教育或者随意拔高教育

所谓无能教育，是指教育者自身对教育缺乏自信，低估教育对象的接受程度，认为教育的作用不大，效果不好，无能为力，既然要继续教育，就没必要追求效果，形式完成就算完成任务。教育者的这种心态决定了教育者不会倾情投入，不会作为一种事业去奋斗，不会作为一项任务去完成，其教育效果显然可想而知；与此相反，另一种倾向是高估教育对象的接受程度，对教育的功能和作用估计过高，对教育效果过于乐观，对教育对象的要求明显超过现实实际，同样难以取得预想效果。一旦形成此种局面，就很可能使教育者丧失信心，热情受挫，转而走向另一种倾向，即无能无效教育的倾向。

（二）高校思政教育创新应坚持的原则

1. 以社会主义核心价值体系为立足点

以社会主义核心价值体系指导构建和谐校园高校思政教育的创新，就是要把社会主义核心价值体系融入创新的全过程中，使社会主义核心价值体系的基本要求得到切实贯彻和充分体现，为高校和谐发展提供坚实的基础。

首先，以社会主义核心价值体系为指导构建和谐校园高校思政教育的创新，就是要在创新中把握马克思主义指导思想这个活的灵魂，保证思政教育创新的性质和方向，为思政教育的创新提供正确的世界观和方法论，使在经济体制深刻变革、社会结构深刻变动、利益格局深刻调整、思想观念深刻变化下的高校思政教育，能够在纷繁复杂的社会生活中以及多元变化的思想观念影响下，正确认识和把握人类社会发展的规律、经济社会发展的大势、社会思想的主流与支流，厘清错综复杂社会现象的本质和方向，使马克思主义中国化的理论成果深入人心，成为引导大学生与时俱进、开拓创新、奋发有为的强大思想武器。

其次，以社会主义核心价值体系为指导构建和谐校园高校思政教育的创新，要通过不断创新的教育途径与教育方法，使中国特色社会主义的共同理想，成为大学生进步与发展的强大精神动力和自己的价值追求、价值取向和价值目标，并把个人的幸福与社会主义初级阶段的目标、国家的发展、民族的振兴紧密联系起来，不断增强对中国共产党的领导、社会主义制度、改革开放事业、全面建设社会主义现代化国家的信念和信心，最大限度地在高校师生中形成共识。

再次，以社会主义核心价值体系指导构建和谐校园高校思政教育的创新，要在不断的创新中大力弘扬以爱国主义为核心的团结统一、爱好和平、勤劳勇敢、自强不息的民族精神，大力弘扬勇于改革、敢于创新的时代精神，增强大学生的民族自尊心、自信心和自豪感，培养大学生不畏艰险、勇于创业、开拓进取的良好品质，保持昂扬向上、奋发有为的精神状态，凝聚起实现中华民族伟大复兴的强大精神力量。

最后，以社会主义核心价值体系指导构建和谐校园高校思政教育的创新，要在创新中更加有效地确立人人皆知、普遍奉行的价值准则和行为规范，在广大师生中广泛开展以"八荣八耻"为主要内容的社会主义荣辱观教育，大力倡导爱国、敬业、诚信、友善等道德规范，推动形成我为人人、人人为我的良好氛围，形成知荣辱、讲正气、促和谐的良好风尚。

2. 以高校面临的新情况、新问题为主轴

随着我国经济的持续和高速发展，我国高等教育的发展也取得了长足进步。高校无论是从人数上看，还是从作用与影响上看，都已成为构建和谐社会不可忽视的重要组成部分。当前，高校师生的思想状况总体上是积极、健康、向上的，校园总体上是和谐的。但是，我们也必须清醒地看到，仍然存在着不少影响校园和谐的矛盾和问题。经济的全球化、社会的重大转型、高等教育的迅速发展、互联网等现代科技手段的运用等，都对高校和谐校园建设和思政教育创新提出了新的考验。

第五章　高校思政教育的创新

首先，高校思政教育的创新要积极应对经济全球化的影响。由现代科学技术革命所引发的经济全球化浪潮，使世界上几乎所有国家都被卷入其中，在使世界经济日益融为一体的同时，也对世界各国的政治、经济、军事、社会、文化等各个领域，乃至人们的思想观念、思维方式等产生了巨大影响。作为一把"双刃剑"的经济全球化浪潮，就高校思政教育而言，积极适应其进程，可以在更广阔的范围内加深同其他国家的交流与合作，有利于形成更加宽容理性、求同存异、平等竞争的经济、政治和文化环境，有利于引导教育对象树立全球意识、开放意识、自主意识和竞争意识。与此同时，也面临着日益隐蔽化、复杂化的两种社会制度、两种意识形态的对立和斗争带来的挑战，面临着西方文化与价值观念不断渗透与扩张的挑战，面临着因外资进入而导致的竞争使人们心理压力变大的影响，面临着西方社会的突发性事件所带来的影响等，高校思政教育的创新，必须关注、适应和有效解决上述问题。

其次，高校思政教育的创新，要着力解决因社会重大转型产生的新问题。所谓社会转型，即是由传统型社会向现代社会转变的过程。对中国社会而言，社会转型是由传统自然经济和计划经济社会向社会主义市场经济转变的过程。这一转变过程，既带来了社会经济成分、组织形式、就业方式、利益关系的多样化，也有助于我国经济的快速发展和社会的巨大进步，增强了人们的竞争意识、效率意识、民主法制意识和开拓创新精神。与此同时，市场经济的趋利性又容易引发个人的过度物质欲望，诱发拜金主义、享乐主义和极端个人主义思想观念；社会的巨变不仅导致一些人的困惑不解、悲观失落、方向迷失，并且还在片面追求经济效益和眼前利益的驱使下，诱发实用主义、功利主义思想以及对政治的冷漠感，这又使社会理想与信念受到冲击；日益明显的多元化价值取向以及不同程度存在的分配不公、腐败现象、社会治安、假冒伪劣、下岗失业、部分群众生活困难等社会热点、难点问题，容易使人们心理失衡，引发思想认识问题，导致保守心理、攀比心理、逆反心理、仇富心理等不良社会心理在一定程度的蔓延；随着改革开放的不断深入和利益格局的不断调整，人民内部矛盾有所增加，有的矛盾还日趋尖锐化、复杂化，群体性事件也呈增加趋势。这一系列问题都影响着大学生对党和政府的信心和信任，影响着校园的稳定，影响着高等教育的持续健康发展。为此，要加快高校思政教育创新的步伐，充分发挥思政教育的作用，积极应对社会转型中出现的新问题、新矛盾，消除构建和谐校园进程中的各种阻力，促进和谐校园目标的早日实现。

再次，高校思政教育的创新，要着力解决高校快速发展所带来的新问题。我国高校的快速发展，是社会主义市场经济蓬勃发展的必然结果，也为推进社会主义市场经济建设作出了巨大贡献。但是，高校的快速发展也不断地给和谐校园建设提出一系列新问题。一是多数大学生在认同社会主义市场经济竞争精神的同时，部分大学生又承受不了竞争的压力，导致心理问题的出现。二是部分大学生在学习上重实用知识、轻基础知识，重实用技能掌握、轻科学思维方法训练；择业上重经济效益好、工作舒适的职业，轻社会需要、环境艰苦的职业；社会交往中重实际利益、轻人伦道德和人格修养，价值取向有着明显的功利性。三是部分大学生的理想信念缺失、学习动力不足、上进心不强，导致学习上两极分化现象的出现。四是许多大学生不能正确处理大事和小事的关系，不屑于做小事但又眼高手低，做不好大事的现象较为突出。五是婚姻、恋爱等观念相对开放，道德观念不强，有的还染上了浓重的功利色彩。这些问题都给高校思政教育的创新提出了更高要求，必须认真加以解决。

最后，高校思政教育的创新，还要解决好因互联网的广泛应用带来的新问题。当代大学生十分乐于接受新生事物，互联网已成为他们学习、生活、娱乐均离不开的重要工具，网上冲浪已成为他们的一种习以为常的生活方式。但是，互联网的开放性、及时性、隐藏性、虚拟性、互动性等特点，使两种意识形态对大学生的争夺变得更加激烈和难以控制，使一些大学生容易受到许多不道德、不健康的信息，如黄色信息、暴力信息、恶意信息、反动信息的影响。少数网民制造计算机病毒、侵害他人权益乃至妨害国家安全和公共安全的"黑客行为"，不仅在一些大学生眼中不被视为应该予以谴责的行为，反而被视为网络英雄行为而加以崇拜。更有一些大学生沉溺于网络游戏中，耽误了学习，甚至因对虚拟世界的沉迷不愿回到现实生活中来，引发了性格闭锁、人际交往能力低下等影响大学生发展的严重问题。高校思政教育的创新，就是要围绕着这些问题，拿出有效的解决办法，使大学生能够有一个积极、健康、规范的网络生活。

3. 以促进大学生全面发展为宗旨

人的全面发展是古往今来无数思想家们追求的理想，也是深入持久地推进改革开放、推进社会主义市场经济发展的动力来源和目标指向，没有人的全面发展，社会主义市场经济发展的动力就会枯竭，实现中华民族伟大复兴的梦想就会落空。构建和谐校园高校思政教育创新所做的一切，说到底都是在为实现人的全面发展创造更好的条件。因此，高校思政教育的创新，其目的与归宿都在于促进大学生实现自身的全面发展这一目标。

首先，高校校园文化建设中思政教育的创新，就是要通过促进大学生思想道德素质与科学文化素质和心理健康素质之间的和谐共进，推进大学生的全面发展。高校思政教育的创新，就是通过提高大学生的思想道德素质，为大学生的科学文化素质和心理健康素质的发展提供方向保障和动力来源；通过提高大学生的心理健康素质，为大学生的思想道德素质和科学文化素质奠定发展的基础；通过提高大学生的科学文化素质，来展现对大学生进行思想道德教育与心理健康教育所取得的学习结果，使三种素质之间形成一个相互促进、相互统一的有机整体。

其次，高校校园文化建设中思政教育的创新，就是要通过自身不断与时俱进，全力打造有利于实现大学生全面发展的良好条件。高校思政教育的创新，既是促进大学生全面发展的重要措施，也是一项规模浩大、涉及面广的系统工程，其创新的领域包括高校思政教育的内容、原则、途径等诸多方面。就高校思政教育创新的内容而言，就是要根据高校迅速发展的实际情况，针对更为广泛的思政教育对象，优化对高校思政教育影响巨大的竞争环境、传媒环境和网络环境；就高校思政教育的原则而论，就是在科学发展观的指导下，以社会主义核心价值体系为基础，根据高校实际情况，促进大学生的全面发展。就高校思政教育创新的途径来说，则是要始终围绕社会的转型、中西方文化的碰撞、高等教育的大发展、高校学生的需要以及现代教育技术的应用等方面，积极进行创新的探索，推进大学生的全面发展。

第二节 高校思政教育创新的途径与方法

在新的历史条件下，大学生的思政教育工作还面临着许多与新形势、新任务不相适应的问题，存在着不少薄弱环节。因此，认真研究新形势下高校思政教育工作面临的挑战和机遇，从总体上把握思政教育工作的走向，进一步调整思政教育工作方法和模式，进一步加强思政理论课的针对性和有效性，是摆在教育工作者面前的一项重大课题。

一、高校思政教育存在的问题

（一）教育媒介利用不充分

要想使高校思政教育的效果得到加强，不仅可以通过学科建设，还可以通过利用更好的教育媒介、改进教学方法、完善教学内容等方式来实现。当前，高校思政教育存在一系列问题，表现在以下几个方面。

1. 教育方法存在问题

思政教育的课堂教学方法单一，传统的教学方法采取教师全堂讲授知识灌输间接经验，即讲授法即教师讲、学生听，基本上没有互动。通常只是理论的讲解，很少实例的论证，即使有例子也是直接给出结论不会与学生一同分析。教学照本宣科，没有将理论与实际相结合，就很难帮助学生树立正确的世界观、人生观、价值观，更难以解决学生在实际生活中遇到的实际问题。这就导致学生的厌烦情绪与日俱增，想要进行教育改革更是难上加难。教师希望进行互动性质的教学，但是学生已经习惯于被动接受，缺乏课堂上与教师互动的能力，甚至在课堂上不敢主动举手回答问题。这就造成在进行课堂互动时，没有一个学生回答问题，每个学生都害怕被叫起来，教师陷入尴尬的境地，教师和学生没有任何默契，无法互动。组织学生讨论，又受到课程时间限制，并且学生人数太多，教师无法掌握小组讨论的进程，也就无法控制课程进度，最终导致讨论不能取得预期效果。专题讲座与教材内容不匹配，教师难以操作，压力更大。其他的教学方法，如演示法等又缺少相应的资源。这就导致教师和学生都发现传统的教学方法存在巨大的问题，但是又不知道如何改进。

（1）课外实践活动少

高校思政教育主要在于课堂教学，社会实践方面很少涉及，课外活动名存实亡。高校设置的实践教育环节很少，教师不能组织学生深入社会进行社会实践，不能使理论与实践相结合，教育内容就很难深入学生的心中。"寓教育于活动之中"，是思政教育的内在要求。然而，高校却忽视了社会实践活动的重要性，举办的活动也是流于形式，走过场或者过于格式化而失去生气，设立的目标很高但最后的效果很差。参与者很少，教师自身都会感到无趣、毫无激情。活动形式多年如一、过程僵化，连组织者都感到厌烦，更不用说调动积极性了。学生参加活动无异于"赶鸭子"般走程序，毫无兴趣，更谈不上什么收获，仅把参与活动当作必须完成的一项任务。高校组织的一些活动耗费了人力物力，却又给思政教育蒙上了一层"假大空"的阴影，与最初的举办目的完全相悖，更加剧了教师与学生之间的紧张关系。

（2）教学评价标准单一

当前，对高校思政教育的课程成果进行检验，主要通过闭卷考试的方式，以考试成绩作为评判标准。单以考试成绩论成败的教学评价标准，是比较单一、局限的，考试范围也只是空洞地考察教材上的概念或知识点，不能反映出高校学生真实的思政水平。这种评价方式一方面使得教师由于教学评价的压力，教课时只讲授考试内容，考试评分时让学生高分通过；另一方面造成学生平时上课时完全不听，临近考试时熟背教师勾画的知识点就可以了，等到考试结束所有知识全部忘记。这就造成有些高校学生平时认真听了思政课程，但最后的考试成绩与完全不听课的同学差距并不大，可能还低于那些不听课的同学。这样一来，高校学生的真实水平难以通过一张试卷来反映，于是开始怀疑这种评价方式。以考试的方式评价高校的思政教育，使高校思政课程的发展受到了很大的限制。

2. 教育内容存在问题

（1）教育内容过于片面化、理想化

一直以来，高校思政教育内容的重点在于引导学生适应经济社会的发展，这是由当前国家重视经济发展所决定的。这就导致了长期以来高校学生只受到如何适应经济发展、如何处理经济方面的各种利益纠纷的教导，却没有得到非经济领域的教导，这使得高校学生在社会中不能得到更大的发展。高校一味强调培养学生的经济价值取向，那么学生就只能在经济领域游刃有余，但当要进行人际交往、参加社会活动、政治活动等其他非经济领域活动时就会手足无措，陷入各种价值取向相冲突的境地之中。高校的这种片面教育是只看到了马克思主义有关生产力原理的论述，却忽视了马克思主义的整体性。

传统思政教育的内容过于理想化，超越了社会现实，只向高校学生灌输共产主义思想。这种理想化的政治教育表现为无视我国的基本国情和社会发展阶段，无视学生的个性和生活，单纯地灌输共产主义思想，力图让每一位学生将实现共产主义当成人生的唯一追求。高校思政教育在一定程度上被认为是培养学生共产主义远大理想、崇高道德追求的伟大育人计划，至于学生的自身水平和对现实世界的关注完全被忽视。高校思政教育不仅要注重对现实的理想性进行超越，还要关注学生的现实生活，只有将两者相结合才能全面提升学生的素质。"重理想轻现实"的思政教育从其本质来看，是一种忽视思政教育本质、弱化思政教育功能的行为，这样发展的结果肯定是与社会发展不相适应的。

（2）教育内容更新过慢

高校思政教育内容更新过慢，落后于时代发展。

一方面，市场经济体制的深入发展使得中国特色社会主义建设出现了许多新情况，在发展过程中也遇到了许多新问题，而本应与其共同更新的思政教育内容却没有反映这些新内容。

①当前的思政教育内容，缺乏市场经济新发展内容方面的反映，缺少自立、自强、创新等精神的传扬。

②经济的快速发展也导致了许多社会问题，这些新出现的问题引发了学生对社会主义建设的多种思考，包括相对于资本主义而言，社会主义存在的优势，我国现在的社会风气和党的风气等。

如果高校思政教育回避这些问题或者仅是简单地停留在表层分析上，结果只能是让高校学生对思政教育愈加失望，降低思政教育的效果。事实上，当前的思政教育更多还是理论学习，针对社会现实的问题还是很少。

另一方面，学生在高校生活中会遇到各种各样的问题，会产生各种压力，如学习压力、就业压力等。这些问题也没有被思政教育所解决，这些内容看似简单其实特别重要，处理不当就会造成严重的后果。尽管这些问题引起了高校的重视，但这些问题在思政教育中所占的比重仍旧很小，不足以支撑教师寻求到解决办法。

3. 教育载体存在问题

高校思政教育的载体应该是多种多样的。在实际教学中教师大多只看重课堂教育的载体，却忽视了校园中其他的载体，如校园媒体，即学校报纸、学校广播台、学校的各种宣传展示等。思政教育可以通过这种不容易引起反感的方式悄然进行，使学生时刻处于思政教育的熏陶中，潜移默化地受到影响。作为高校思政教育的重要组成部分，教育载体还存在以下许多问题。

①校园媒体的发展落后于高校思政教育发展的需要，并且可利用的空间很小，不能为思政教育发挥太大的作用。

②对于高校校园内潜藏的思政教育，没能充分调动起高校学生的积极性，没有形成自我教育的自觉性。

③大部分高校学生都会通过上网来获取信息，并且网络已成为高校学生人际交往的重要方式。高校学生不管是学习专业知识，还是接受思政教育，均会受到网络发展的影响，然而在高校中网络的发展并非一帆风顺。一方面，网络载体具有不易控制的特点，网络上的不健康信息很多，这就让思政教育处于不利地位；另一方面，高校缺少专业的网络思政教育队伍，无法引导网络上的教育方向。

高校的思政教育者如今还未意识到校园内各种文化载体对思政教育的重要性，没有意识到随着高校的不断发展，校园文化日益复杂。其中，不仅包括传统的班级文化，还包括新形成的宿舍文化、社团文化等，校园文化的影响力正在不断增强。高校目前还未把思政教育内容与校园文化建设相统一，直接影响了思政教育不能以校园文化这一渠道，融入高校校园的每个角落。

高校对于校园文化这一载体的重视程度不够，没有将它当作实现思政教育目标的重要形式。思政教育者如今尚未意识到，如果不对校园文化的发展方向加以引导，任其发展将会产生严重的后果。思政教育者将会失去校园文化的领导权，甚至导致校园文化站在思政教育的对立面，这样一来，思政教育将会失去校园文化这一推动思政教育的重要载体，也就丧失了提升教育成果的重要方式。

高校管理是高校三大育人渠道之一。然而，管理有助于育人的载体功能却未被开掘，这主要表现为以下几点。

①管理人员在高校中发挥的作用大多是行政管理作用，教育者不参与。

②高校管理制度中管理育人的规范不明确也不具体，这就造成管理人员育人的责任感不能得到激发。

③高校管理制度中对高校思政教育的激励机制尚不健全，这一制度尚需改进，只有彻底改进之后才会有助于发挥管理人员的教育作用。

（二）教育者的主导地位不高

教育者是思政教育的主体所在，在进行思政教育时，如果不能发挥教育者的主导作用，结果就会不甚如意。目前，教育者无法充分发挥作用的原因包括以下几个方面。

1. 教育者自身缺乏主观认识

（1）缺乏思政素质重要性的认识

党始终高度重视人民的思政素质，现实情况却是很多高校没有深刻理解思政教育的重要性，没有意识到提升高校学生的思政素质是多么重要，存在"一手硬，一手软"的问题。国家的经济发展使得绝大部分高校将培养高校学生专业技能放在了重中之重的位置上。为了保证学生专业素质的提升，高校在学科建设、教学评价方面都向专业技能倾斜。然而，在对待思政教育方面却很宽泛，不仅没有设立具体的培养目标，甚至还使有关思政方面的培养受到阻碍。对于思政方面的拨款、学科建设等更是走形式，不能切实进行学科建设。这就导致了部分思政教育者失去积极性，甚至认为这种现象是正常的，是不可抗衡的。持续时间长了之后，思政教育者的主导作用难以有效发挥，甚至出现"不作为"等不良现象。部分教育者和高校各级党委未能真正理解中央精神和中国的国情，只看到短期利益，这些因素共同导致了高校学生的基本素质不高。

（2）缺乏思政教育重要性的正确认识

部分教育者甚至开始质疑思政教育的地位。党始终认为思政教育发挥着"生命线"的作用。高校的一些教育工作者不能深刻理解党有关思政教育理论的发展历史，对思政工作缺乏信心与激情，甚至认为在市场经济条件下思政教育无疑会走下坡路。世界格局呈现多元化趋势，我国的改革开放不断深入，思政教育受到的挑战更是与日俱增，不利因素不断叠加，增强思政教育效果越来越困难。教育者如果自己都不清楚思政教育的真正重要性和内涵，就会对它所处的位置感到疑惑。部分教育者对思政教育处于主导地位这一事实持怀疑态度，其中既有历史原因，又有现实原因。

（3）缺乏思政教育的科学性、职业性认识

部分教育者仅照本宣科地讲授思政，不重视思政教育的科学性、职业性。思政教育的历史源远流长，马克思主义的思政教育也已有100多年的历史，"思政工作是一门治党治国的科学"这句话不仅被教育界认同，也被党政机关所承认。这些对思政的高度认可是提升思政教育科学性的基础，这些认可也彰显了思政教育的有效性。然而，将思政教育独立为一门专门学科，只有改革开放以来的40多年历史，很多专业性问题一直没有定论。思政教育是一门社会学科，但是其研究对象和领域仍然引起了许多争论，因此对于思政教育独立成一门学科存在着很多问题。

我国的社会科学建设与国际上的许多国家相比，是相对落后的，我国的思政教育是一门新兴学科，目前缺少科学技术的支持，在社会科学研究的成果方面，也是相对缺乏的，可见我国思政教育的发展必将是曲折的。进一步来说，我国的思政教育还没有形成整体的认识，更不用说职业性了。思政教育又有其特殊性，因为紧密联系社会，所以它的影响无疑是广泛的，表现形式是多样的，产生的效果是无形的，难以对其进行量化的评估。因此，部分教育者不重视思政教育与它的学科性质关系很大。

2. 学科建设和领导体制尚需完善

（1）思政教育学科建设存在的问题

目前，高校思政教育课程的学科基础是马克思主义一级学科。近年来，高校思政教育课程取得了多次的进步，但是思政教育学科的基础理论建设仍旧相对落后。

基础理论与实践不完全一致，其结果大多是令思政教育走向边缘化。与学科理论基础的不完全同步使思政教育学科基础理论的发展滞后于社会发展，不能与社会最新的理论成果相结合，不能解决学科发展中新出现的问题，不能适应学科理论研究的规范要求。各种理论的内在逻辑不能相统一，个人有个人的看法，阻碍了学科基础理论体系的构建和整体学术水平的提升，使得整体的学科形态很难走向大成。思政教育的应用也有待专家探索，各个高校的学科建设、研究基地、课程设置也有待完善。

（2）思政教育领导体制存在的问题

高校思政教育领导体制在摸索中不断前进，不断改进提升。当前，主要有党委管理模式、校长负责模式、党委领导下的校长负责制模式等多种模式，每次改进都使领导体制更加完善。在这一体制下，党委和校长各司其职、协同合作，符合我国高校的具体运转规则。然而，这一体制在具体运行中也出现了许多问题，如下所示。

首先，党委领导下的校长负责制在运行时出现了权力分配的问题，从政治方面看学校的最高领导是党委书记，但是在法律意义上校长是法定代表人。学校有关的法律文件只有校长同意并签署才可具有法律效力，当党委书记和校长对于一个问题的处理意见发生冲突时问题就难以解决。

其次，党委书记和校长的具体分工和所拥有的具体权力不确定，随意性很明显，这样就容易造成一方独大的情形，或者是党委书记权力过大，或者是校长权力过大，难以协调。

再次，党委领导下的校长负责制在高校实际操作时没有与之相应的执行系统，基层党委只能起到政治保障作用，对任何事务都没有决定权，党委要落实各项决策需要通过校长才得以成立，基层党委的作用很小。

最后，高校的基层党组织不受重视，党务活动受到不同程度的轻视，行政人员才是学校培养的中心。行政人员大多是有一定学术能力的教师，而党务的负责人学术地位就比较低，并且受到的培养也比不上行政人员。

3. 思政教育的队伍建设有待提高

（1）思政教育教育者素质不一

思政教育学科的特点有强烈的阶级性、实践性、科学性、综合性，这些特点就要求教育者有良好的素质，不仅要有专业的学科素质，还要有良好的政治素质、思想素质、道德素质和能力素质。然而，高校思政教育队伍是由兼职教师和专职教师共同构成的，教育者素质不一，主要表现在以下几个方面。

首先，兼职教师没有经过专门训练，占的比重却很大。

其次，专职教师也不是专业学习思政教育的，大多数是由相关专业转来的。

再次，思政教育的学科建设不完善，教师专业水平参差不齐，高学历人才普遍偏少。

最后，教师本身的政治素养、道德素养难以达到要求的水平。由于思政教育的学科特殊性，要求教师言传身教，所以对教师的要求极高，但大部分教师没有培养自身的途径。教师虽能自觉提高自身素质，但是面对繁重的教学工作还是会身心俱疲。

（2）思政教育师资队伍结构失衡

高校思政教育队伍的结构包括性别结构、年龄结构和学历结构。

首先，性别结构是指高校思政教育队伍中男女教师的比例。各高校应该重视教师结构的男女比例，男女比例的失衡会令思政教育的开展处于尴尬境地，也不能发挥性别的互补作用。

其次，年龄结构，结构合理的教师队伍应当包括老、中、青三个年龄段的人，并且各年龄段所占比例应合理。教师队伍的年龄结构一般有三种模式。

①前进型，即青年人多于中年人，中年人多于老年人的正三角形结构。

②衰退型，即与前进型相反的倒三角形结构。

③静止性，即中年人最多，两头小中间大。

前进型是最理想的模式，应尽力避免静止型或衰退型，重要的是要对衰退型进行改革。思政教育是一门新兴学科，因此青年教师所占的比重很大，教育队伍呈现年轻化，后继有人。然而，人才流失现象也要受到重视，如果忽视对青年教师的培养，让其中的优秀者不能获得学术研究、职称评审、高学位深造等机会，人才流失就会加剧。

最后，学历结构，思政教育队伍应由各层次学历结构的教师组成，包括高学历和中等学历教师。不仅要有大专、本科的人才，还应有硕士生、博士生等高学历的人才，由不同层次的人才组成一个多层次的队伍结构。事实上，思政教育队伍中普遍缺乏具有博士学位的高端人才，教师学历结构的整体水平急需提升。

（三）受教育者的主体作用不强

受教育者是思政教育的客体，是教育者灌输思政理论的对象。这个对象有其特殊性，是有主观能动性的人。在教育过程中受教育者不应该单纯地被动接受知识，单纯地被灌输知识，而应该与教育者之间平等地对话，让思政教育的内容内化于受教育者的心中。然而，在现在的思政教育中，受教育者的作用十分有限，主要表现在如下几个方面。

1.部分受教育者的学习态度不端正

部分受教育者对思政的学习态度不端正，主要受到以下因素的影响。

（1）自身成长背景与环境的影响

一些高校学生讨厌思政教育，对政治漠不关心，这些问题的产生原因十分复杂，归纳为如下几点。

①当代高校学生大多数是独生子女，一些学生以"我"为中心，追求个人享乐，对国家政治不太关心。

②这一代高校学生出生于和平年代，他们没有经历过炮火的洗礼，没有体会过生活的艰辛，对为革命牺牲的先烈无法感同身受，缺乏政治体验，没有主人翁意识，政治观念淡薄。

③改革开放深入推进，使得经济发展成为社会的主流，政治生活离普通民众越来越远。为了今后的生活，高校学生都忙于各种专业知识的学习，空闲时间则被各种娱乐活动所占据，认为政治离自身很远。他们对于思政课的理解是拿了学分就好，听课是完全无用的，更不会在意学校各种带有政治意味的宣传海报。

（2）教育者不恰当行为的影响

思政教育者的行为也影响着受教育者对思政教育的印象，很多思政教育者在教授过程中存在一些不恰当的做法，这些做法更加深了受教育者对课程的反感。

①教育者按照自己的主观理解去评价历史人物，对其他不符合自己观点的理论进行绝对的否定，在很多问题上不能全面分析，总是片面地判断问题。

②很多教育者和受教育者之间存在不平等关系，教育者利用权威迫使受教育者接受自己的看法，受教育者只能被迫接受但心里是完全不接受的，这种不满的情绪长期积蓄，最终影响思政教育的效果。

③受教育者的心理发展状况受到忽视，教育者忽视受教育者的独立意识和心理状况，造成受教育者对思政教育产生误会，认为这就是思想控制，从而导致对教育者所教授的知识产生怀疑，甚至为了不让自己的思想受控制，故意做出与教育者教导相违背的事情。这种怀疑情绪逐渐发展成为对抗情绪，导致受教育者不能客观看待教育者教授的知识，甚至对正确的知识加以抵制。

（3）教育体制存在弊端的影响

大学生厌烦和轻视思政教育课程。一些大学生认为思政教育课程的开设完全无用，只是为了应付国家要求，从而更加厌恶思政教育。各种消极的思想导致高校学生应付各种思政教育课程，从不阅读教师的推荐书目，不参加课堂互动，不认真对待实践活动，甚至逃课，不认真复习，只在考试前夕翻开课本，考后就丢到一边。产生这种情况的原因如下。

①单调的教育方式和单纯的灌输式教育方法,造成了学生的消极情绪。这种教育方法忽视了高校学生的主观能动性,抑制了高校学生的主观能动性和创造性,打击了他们的学习热情。

②教育面对的是高校学生群体,但这一群体又有着不同的兴趣爱好、不同的个性特点、不同的思维方式,教师所采取的"一刀切"的教育方式无疑使学生对思政教育无丝毫兴趣。

③部分高校的思政教育课程处于停滞状态,高校学生普遍重视自己专业课的学习忽视思政教育,这种思想反映在学习中自然使得思政的地位愈加降低,学生都将精力放在了专业课的学习上。

2. 受教育者的综合素质亟须提高

高校学生就像一张白纸,他们的思想就好像一潭水。大学生从幼儿园到大学一直身处在校园内,很少有机会真正接触这个社会,他们缺乏社会实践经验和政治敏感度,掌握的各种知识都是从书本上得来的。通过学习马克思主义树立的人生观、世界观还未经历社会的磨练,他们还不能全面地看待社会,对社会的认识太浅显,分辨是非的能力也未曾得到检验。因此,高校学生容易激动,易走极端,一旦社会思潮变动就极易产生从众心理,跟随大众而走。我国市场经济在不断发展,社会上的重利思想逐渐加深,部分高校学生受到个人主义、拜金主义的影响开始变得极度自私,追求享乐。加上深化改革开放以来,外国的各种思潮大量涌入,高校学生又缺乏鉴别能力,极易被各种资本主义思潮所侵蚀。

(1) 高校学生易出现心理问题

大学时期是大学生身心发展的重要时期,这一时期大学生的心理正由不成熟走向成熟。过渡时期大学生的心理不稳定,心理承受能力和适应能力还很弱,同时渴望成功的念头又很强烈,自我认知偏高。当初步接触社会时,面对诸多压力,高校学生很可能会产生各种各样的心理问题,严重时还可能会产生心理障碍。大学生出现心理问题大多是由社会问题、思想问题以及生活中所遇到的难题所引起的,其中最突出的是以下几个问题。

①环境的改变造成短时间内难以适应。很多高校学生从小学、中学都十分优秀,一直十分顺利,没有遇到过大的挫折,升入大学后,面对复杂的高校生活和从各地区选拔来的佼佼者,他们很难适应。

②高校学生的特殊性使得人际交往很重要,但是同学们来自不同的生活环境,每个人的个性和生活习惯很不相同,在互相适应中很容易产生一系列矛盾。

③就业问题是高校学生感到苦恼的一大问题,国家体制的改革使得双向选择和自主择业成为高校学生就业的主要形式,高校学生就业压力十分大。高校学生刚走出校园就要面临如此残酷的竞争,在理想与现实之间挣扎,害怕毕业却又渴望走向社会,于是产生了毕业恐惧症。

④高校学生已经算是成人,渴望与异性交往,然而其尚不具备完全成熟的心理,并且校园生活使他们缺乏生活经验,理性的情感意识还未完全成熟,性意识也未成熟,理想与现实相冲突导致高校学生心里苦闷。

(2)高校学生缺乏实践能力

我国高校注重知识教育,高校学生在校期间接受的大多是理论知识,教育实践能力得不到培养,导致高校学生普遍缺乏实践能力。这一现象产生的原因如下。

①高校学生接受知识的主要渠道就是课堂教育,但理论知识难以有效地运用到现实生活当中,大学生很难将学到的知识向解决实际问题的能力方面转化。

②高校学生伴随着书本学习成长,缺乏必要的社会实践,对我国的社会现状了解得极少,不能发现社会需要与自身能力之间的鸿沟,也就不能清楚地发现自身能力的不足,不能进行准确的自我评估,缺乏提升能力的锻炼,久而久之,自身能力与社会需要之间的鸿沟会越来越深。

③高校学生不进行社会实践,不走进社会,不去了解人民群众,就不能认识到自身的差距,难以应对生活中遇到的难题,缺乏吃苦耐劳的精神,自身能力就得不到有效提高。

3.受教育者只是机械地接受教育

长期以来,教育者都被认为是教育的主体,在教育活动中起着主导作用,而真正的教育主体——受教育者却被忽视,只能被动地接受教育。这种观念表现最突出之处就是,认为受教育者有不足之处所以需要对其进行批评教育,从而让受教育者改正自身缺点。受教育者的主体地位从最初就被排斥在了教育过程外,泯灭了受教育者的主体意识。然而,在思政教育过程中,不对大学生的主体地位予以尊重便无法使大学生的积极性得到充分激发,不能满足高校学生自我发展的需要,不重视对高校学生价值观的培养,就不能使高校学生进行自我提升,不能让高校学生在自省中自我成长，树立正确的价值观，将被动学习转化为主动学习。教育者高高在上，采取灌输式的教育方法，高校学生唯有机械地服从。高校学生与教育者地位不平等，思想就不能交流、问题就难以解决、情绪就不能疏导，高校学生的主体地位被打击，积极性就会消退。

高校学生认为教育者与自身不平等，不能真诚相待，教育者对高校学生不包容，从而使高校学生对课程产生厌倦和反抗情绪。然而，又无力改变，于是他们就会采取消极的应对方法，不听课、逃课等，考试也会采取"临时抱佛脚"的态度来应对。高校的思政教育课程大都采取大班授课的形式，这样的授课方式忽视了学生的思政水平，不符合思政教育先进性与广泛性相结合的原则。高校学生在上思政教育类课程时，通常会安排同一专业好几个班甚至不同专业混合上课。

思政教育注重理论与实际问题相结合，然而在高校思政教育中，思政教育与实践却是脱节的。教育者只知道讲授理论知识，不重视解决实际问题，使得思政教育不能帮助高校学生解决实际问题，导致高校学生普遍认为课上讲的道理谁都明白，完全没有必要进行高校思政教育。高校思政教育与管理机制互相独立，使得思政教育没有办法解决高校学生生活中所遇到的各种问题。比如，学生出现了心理问题、就业问题等，思政教育都不能帮助学生解决这些问题，这使大学生更加不重视高校思政教育。

（四）存在一系列消极影响因素

思政教育环境指的是思政教育所面对的客观世界。高校思政教育环境包括校园环境、家庭环境和社会环境。环境对人的影响很大，教育环境存在的消极因素会对思政教育产生不良影响。

1. 校园环境中的负面影响

高校环境从整体上来看是积极的，但是其中也存在着许多不良因素。绝对的世外桃源是不存在的，这些混杂进来的不良因素也会对高校思政教育产生不良影响。具体表现为部分高校为追求经济利益盲目扩大招生、夸大就业率。高校的态度导致了一些高校教师缺乏严谨治学的态度，对待思政课程更是敷衍了事，甚至学术弄虚作假，为了评职称、拿奖励勾心斗角，丧失了身为教师的责任感。这些都导致一些高校学生学习不认真、经常逃课、考试中作弊、不思进取、缺乏上进心。

2. 社会环境中的负面影响

社会环境对高校学生的成长有着极大的影响，一个良好的社会环境，必然会影响高校学生良好行为规范和高尚道德情操的养成，使高校学生能锻炼出良好的交际能力，保持与他人的和谐关系。恶劣的社会环境会对高校学生产生极大的消极影响，使得高校学生感到茫然无措、精神空虚、不善与人接触。思政教育中所描述的社会与社会的实际反差太大，这就极大地降低了思政教育的可信度。

3. 家庭教育和学校教育不协调的负面影响

学生的思政观念在很大程度上都会受到家庭观念的影响，但是我国的高校教育完全与学生的家庭教育脱节，这就制约了高校思政教育的影响力。产生这一现象的原因很多，如下所示。

（1）家长普遍重视学生专业课成绩，很少关注学生的思政教育情况，家长的态度会直接影响学生在科目上花费的精力。

（2）高校扩招，高校学生的数量增加，学生来自五湖四海，高校很难与每一个学生的家长建立联系。这种家庭与学校相分离的情况很不利于思政教育。

（五）实际教学过程中存在问题

1. 思政教育社会实践匮乏

高校学生接触社会的机会太少，然而人总是要进入社会的，在大学阶段高校学生只有更多地接触社会、了解社会，才会真正了解到思政教育的重要性。社会实践能够让高校学生在社会生活中发现自身能力与社会需要的差距，从而自觉学习思政的内容。社会实践活动与思政教育课程教学对高校学生成长都很重要，两者只有相结合才能取得更好的教育效果。高校学生的人生观是在社会实践的过程中逐步建立起来的，在进入社会后，高校学生在工作中逐步进行自我规范、自我约束，在社会环境中找到自己的发展方向，使得自己的人生观更符合社会要求。个人总是处于社会环境之中的，高校学生需要多参加社会实践，增强自身的社会责任感。这是由于社会实践接触的是真实的社会，是与校园生活完全不同的，是高校学生全面认识社会的重要渠道。

目前，高校思政教育的主要教育地点是学校，然而学校教育有着很多的局限性，教育环境过于单一，难以有效地使高校学生吸收学习到的知识。高校学生毕业后就要走向社会，大学期间就是他们角色转化的重要时期。他们需要把自己从一个学生的角色转化为社会工作者，这一转换十分重要。转换得当可以使高校学生在工作岗位上十分适应，可以完全发挥自己的能力，缩短初入社会的摸索期。高校思政教育的重要任务之一就是引导高校学生完成社会角色的转换，帮助高校学生看清自己的优缺点，找准自己的定位，让高校学生在适合自己的领域发挥极大的作用。高校思政教育引导高校学生树立正确的价值观，这关系着高校学生的未来发展方向，决定着高校学生是否能够坚持自己的追求还是遇到困难就会退缩，关系着高校学生是否能够坚持爱国守法、尊重他人等重要的原则。高校学生的综合素质从整体来看是良好的，很大一部分高校学生在进入社会后能够做到爱国、敬业、诚信、友善，积极践行社会主义核心价值观。

2. 思政教育的内容难以把握

高校思政教育内容是在社会主义建设过程中总结出来的理论精华，内容会有一些抽象、难以把握，这就使得高校学生对其没有兴趣。在思政教育过程中，怎样能使高校思政教育内容的可读性得到有效增强，加强高校思政教育内容对学生的吸引力，不仅是无法避免的问题，也是高校思政教育必须解决的问题。

高校学生应了解我国社会主义建设过程中的各种需要，需要了解何为社会主义、我国为何要坚持社会主义。只有真正明白社会主义才能为社会主义建设出力。高校学生成长于信息化时代，没有经历过国家动荡、炮火纷争。虽然他们能够通过各种媒体来了解为中华人民共和国成立奉献生命的各位先烈，了解为国家建设鞠躬尽瘁的各位科技人才，并为他们的献身精神所打动，但是思政教育课程的学习还是缺乏代入感。在如今的这个时代，高校学生无法对当时发生的一切感同身受，这就导致高校学生只掌握了思政教育的表面内容，很难深入理解思政教育的内在要求，在面临具体问题时只有寻求教师的帮助，才能理解更深层次的内涵。

思政教育内容十分乏味，高校学生没有兴趣学习枯燥的理论知识，并且高校学生长期在校园里生活，缺乏一定的生活经验，所以大学生很难对思政教育的内容产生共鸣，不能深入进行思政的学习，使思政教育成了空洞的理论，不能与实践相结合。高校学生花费了许多时间学习思政的内容却不能对自身产生帮助，导致一些学生放弃了思政的学习，将更多的精力放在了学习专业知识上，以使自己有一技之长。长此以往，就导致思政课程被定位为"浪费时间"的科目，使师生都对思政教育的内容不够重视，一些学生缺乏政治敏感度，不能对思政教育的重要性进行充分了解。

3.思政教育的方法有待改善

目前的思政教学方法还有待完善。在师生互动中大多采取问答式教学，学生的参与度不高，这就会使思政教育的效果受到一定影响。高校思政教育应使学生的参与积极性得到充分调动，让学生真正参与教学活动，使课程生动有趣，让学生觉得思政教育课程类似于一个主题班会，可以自由讨论，发表自己的见解，发挥学生本身的主体地位。大学生只有积极参与教学活动，才可以深入思考高校思政教育，对思政教育进行有针对性的研究学习。若是思政教育的内容枯燥乏味，那就会逐渐与大学生群体相脱离。在开展思政教育的过程中，通过借助高校学生群体的智慧，来针对具体的教育对象开展不同的教育，以大学生容易接受的形式来更好地开展思政教育活动，如以经验学习的方式促进高校思政教育，让高校学生互相分享实践经验，从不同经验中总结经验教训。

二、高校思政教育针对现存问题的方法

在市场经济条件下，高校思政教育内外环境发生了深刻的变化，思政教育工作在模式构建方式与手段的改进、环境的营造、队伍建设等方面还有大量的工作要做，有很多问题要解决。高校要解放思想，敢于探索，为培养更多更优的跨世纪人才作出新贡献。

（一）培养优秀人才

高校的最基本要求是培养合格的人才，为社会主义现代化建设服务。合格人才应该是全面发展、具备正确的政治和价值观、学有专长，并不断丰富自己的人才。因此，高校采用的教育方式应该体现多样化，做到寓教于理、寓教于管、寓教于帮、寓教于情、寓教于行和寓教于乐，通过说服、管理、帮助、情感、行为和活动多种形式来教育学生，提高他们的综合素质和能力。

（二）借助信息技术

高校思政教育工作需要跟上信息技术的发展，提高学生的政治思想文化素质，

增强他们的政治辨析能力和免疫力,以应对各种不良思想的影响。为了解决大学生在信息技术中接受思想品德教育的难题,需要开发思政教育软件和超文本结构的教材,以提升教育效果。同时,思政教育工作者也需要接受信息技术培训,以掌握和应用现代信息技术,为思政教育提供计算机辅助教学。

(三)优化育人环境

学校的教育环境对教育效能起着重要作用,因此高校必须重视思政教育环境的优化,加强校风、学风建设,创造良好的育人环境,形成全方位思政教育格局和全员思政教育意识;活跃校园文化,营造健康积极的氛围校园。另外,思政教育不仅是学校的工作,也是社会和家庭的责任,三方应形成合力、共同育人。高校作为社会的一部分,既受到社会环境的影响,也对社会环境产生影响。

(四)加强心理健康教育

心理咨询在现代社会越来越受到人们的关注,对学生的心理健康、自我完善和发展至关重要。高校应该专门设立心理咨询中心,提供心理热线电话和咨询信箱,提供心理健康门诊等辅助,为学生解决心理问题。

开设心理学辅修课程、举办心理健康教育讲座,利用各种媒介在校内进行心理健康宣传教育,形成良好的教育氛围,向全校学生普及心理卫生知识。

建立科学的心理健康组织机构,组织专职人员主导、兼职人员辅助的心理健康师资队伍,统筹安排全校心理健康教育工作,为学生提供日常咨询任务。

面向全体学生,定期开展心理健康普查,建立学生个人心理档案,从入学开始,及时发现有问题的新生并进行跟踪辅导,以预防学生心理问题。

我国高校心理健康教育工作人员大多是思政工作者,缺少专业咨询人员。心理咨询是专业工作,需要专业知识基础扎实、经验丰富的工作人员。所以,应当重视推进心理咨询人员培训工作,提升心理健康工作队伍的整体质量。

(五)建设教育工作队伍

思政教育工作者自身要重视素质培养,包括提升学识、体现人格力量。学校方面应该构建运行机制,培养和选拔专职思政教育工作者、学生骨干队伍,在思政教育中发挥中坚作用。

三、高校思政教育创新的途径

（一）明确校园文化建设定位

1. 深入推进校园文化建设

学校党委是学校的最高领导机构，应该高度重视校园文化建设，把校园文化建设作为一项重要任务，并给予足够的关注和支持。校园文化建设需要各个职能部门的配合和协作，不同部门在校园文化建设中承担不同的职责，需要相互协调和合作，形成一个有机的整体。学生是校园文化建设的主体，其参与和配合至关重要，各学生组织也应积极参与校园文化建设，发挥自身的作用，为校园文化建设提供基础支持。总而言之，校园文化建设需要学校党委的领导、各职能部门的分工协作以及学生组织的积极配合，这些因素共同推动校园文化建设的发展。

高校可以建立校园文化建设协调小组或专门的机构，由党委领导，各职能部门和学生社团组织等参与。建立健全校园文化建设的工作机制，包括明确的责任分工、工作流程和考核评估机制，各职能部门和学生组织要按照规定的工作机制履行职责，确保工作的有序进行和有效推进。党委要密切关注师生的需求和意见，建立畅通的沟通渠道，增强党群之间的联系和互动。通过举办座谈会、听取意见、开展调研等方式，形成党群共治的良好局面。

校园文化建设机制是指学校为促进校园文化氛围形成和不断发展而建立的一系列制度、规章和管理方式，其意义在于它能够提供有序、可持续的框架，以确保校园文化的正常运行和发展。但是，高校应该注意到目前普遍存在的思政工作程式化、效果监督缺失、不考量教育对象接受程度的问题。应避免思政工作的程式化，通过创新工作形式和内容，使思政工作更加生动、有趣并贴近学生的实际需求；建立完善的思政工作评估和监督机制，对思政工作的实施过程和效果进行定期评估和监测；思政工作应注重学生的个性化需求，关注不同学生群体的特点和需求。

2. 完善政治素质教育新平台

为了建设优质政治素质教育平台，高校可以引入多样化的教育途径，包括线上和线下的教育资源，提供学生参与讨论、辩论、实践等活动的机会，激发学生的兴趣和积极性；通过组织社会实践、志愿服务、社团活动等方式，让学生亲身参与社会实践，增强他们的社会责任感和实践能力；加强对政治素质教育师资队伍的培养和引进，提高教师的政治素养和教育水平，为学生提供更好的教育服务；建立科学的评估和监督机制，对政治素质教育的实施效果进行监测和评估，及时调整和改进教育措施。

为了确保思政教育工作符合学生群体的需求，并得到广泛支持，教师应多了解并关注大学生的思想、情感、价值观等方面的特点和需求，了解他们的关注点、困惑和问题，以及他们对思政教育的期望；认清思政教育工作的定位和任务，明确其独特性和重要性，通过课程设置、教学方法、课外活动等多种方式，促进学生的全面发展；关注社会发展的趋势和主流价值观，将其纳入思政教育的内容，引导学生认识社会现实、了解社会问题，适应社会变革和发展的需求。

3. 引导学生社团组织发挥作用

高校应该为广大学生搭建舞台，积极引导学生社团组织发挥主动性和能动性，充分发挥学生社团组织在校园文化建设中生力军的突出作用。校园文化活动中实施项目管理，以学生会、科协、各类社团等学生组织为中介，放手让学生开展工作，使校园文化活动的开展更能贴近青年、服务青年，更有利于锻炼、培养学生各方面的能力，更有利于充分调动学生参与各项活动，更能充分激发基层组织的活力，增强基层组织的战斗力与凝聚力，最大限度地发挥大学文化育人功能在大学思政教育中的作用。例如，塔里木大学校团委积极引导学生社团活动，提出了"百花齐放"的方针，并已初具规模，学生社团数量众多，是校园文化一道独特的风景线，科技创新类、志愿者类、理论学习类、实践类和文体类的社团一直是塔里木大学校园文化的积极建设者，学生社团开展的活动深受广大同学欢迎。这些活动对增强校园学术气氛、营造学习风气，提高大学生专业水平和实际操作能力，陶冶情操，促进综合素质的提高发挥了积极的作用。

4. 整合拓展校内外资源

高校共青团组织应该充分发挥校园文化的辐射作用，广泛争取寻求学校和社会的有关支持和帮助，以解决在人力、物力、财力方面的资源短缺问题，形成校园文化建设内外部优势整合，巩固基础，延伸平台，借助校内外、团内外的各种组织力量，使他们共同为共青团的校园文化建设工作提供政策、组织等各方面的支持，实现校园文化建设的可持续发展。

校园文化建设作为思政教育工作体系发挥重要作用的途径,应始终坚持用马克思主义指导思想,中国特色社会主义共同理想,以爱国主义为核心的民族精神和以改革创新为核心的时代精神,社会主义荣辱观,构建以社会主义核心价值体系为基本内容的和谐文化氛围,在先进理论的引导下开展丰富多彩的文化活动,加强高校的思政教育工作实效,使广大师生员工对历史使命和文化价值有深刻的认识,为和谐社会主义建设工作注入力量。

(二)构建校园文化建设长效工作体系

1. 促使思政教育个性化

当代社会价值观念、文化认知、生活方式等呈现多元化趋势,当代学生更加注重个性发展和个人价值实现,同时在成长过程中面临着巨大的心理压力、自我认知困惑、职业生涯规划等问题。因此,个性化思政教育能更好地满足不同学生的需求,帮助他们更好地理解和接受思政教育,促进学生的全面素质发展,使其在多元化的社会环境中更好地适应和发展。

思政教育应针对不同学生的知识结构、认知水平、价值观念等方面的差异,根据学生的个性特征和成长需求,灵活选择突出重点的教育内容,并结合其个性化特色进行针对性的引导和培养。为了更好地适应不同学生的接受方式和学习习惯,可以采用多样化的思政教育方法,如讨论式教学、案例分析、角色扮演、体验式教学等,以提高思政教育的吸引力和实效性。传统的思政教育通常采取集中、大型、统一的形式,而现在的转变意味着更加注重灵活、小型、多样的教学形式,如分组讨论、个别辅导等,这样更有利于教师对学生个性化需求的关注;转变的另一个方面是更加注重尊重和凸显学生的个性,不再只是简单地向学生灌输知识和观念,而是更多地关注学生的个性发展和成长需求,提供更加细致入微的关爱和支持。学校可以通过个别谈话、心理测试等方式,全面了解学生的个体差异和需求,包括价值观、兴趣爱好、心理特点等,从而为个性化思政教育提供基础数据和依据。根据学生的年级、专业、兴趣爱好等不同特点,设计差异化的思政课程。可以开设选修课或兴趣小组,让学生根据自身特点选择感兴趣的内容进行学习,以满足其个性化需求。建立学生参与式管理机制,让学生在思政教育工作中发挥积极作用,提出个性化需求和建议。同时,建立个性化的评估机制,考核学生在思政教育中的个性化成长和进步。通过心理辅导、个人成长咨询等方式，对学生进行个性化的辅导和指导，帮助他们解决个人成长过程中的困惑和问题，促进其个性化发展。学校可以整合内外部资源，针对不同学生群体提供个性化支持和帮助，让学生能够根据自身兴趣和特长得到相应的支持和鼓励。

2. 促使思政教育民主化

要将单方面灌输的思政教育转变为"民主对话"，体现以人为本原则，教师应该摒弃单向传递的教学模式，而是以平等、开放的态度与学生进行对话，鼓励学生提出问题、质疑和不同观点，保持开放的思维和心态。思政课程除了使学生接受社会主义核心价值观教育，还应该鼓励学生思考和辩论，引导学生了解多元文化、不同价值观，并鼓励他们从多个角度思考问题。教师可以利用信息手段，建立线上或线下的互动平台，让学生能够参与讨论、提出意见，甚至参与课程设计和评价过程，促进师生之间的交流和互动。

学生的参与在思政教育中至关重要。为了培育学生的参与意识与能力，教师应为学生提供充分的表达和参与空间，鼓励他们提出问题、发表观点，参与讨论和决策过程；通过引导学生进行批判性思考、辩证分析，培养他们独立思考和判断的能力，激发他们对社会、政治、伦理等问题的关注和思考。教师在教学中应该做好表率，示范积极的参与态度，并通过引导、激励、激发学生的兴趣，培养学生的参与意识与能力。

教师应该给予学生平等的发言权，与学生建立平等的沟通关系，积极倾听学生的问题和困惑，并尽力给予解答和帮助，而不是简单地给予指令或忽视学生的需求；可以鼓励学生参与决策，如课程内容的选择、学习方式的确定等，与学生一起讨论和决定一些学习活动的安排，使学生在思政教育中有更多的主动性和参与感，从而体现平等的态度。教师在评价学生的表现时要做到公正客观，不受个人喜好或偏见的影响。引导学生互相尊重和包容，营造和谐的学习氛围。教师可以组织一些团队合作活动，鼓励学生团结合作，共同学习和进步。

平等的对话式思政教育并不是教育者事先设定好、单向传递的教育过程；相反，它是由对话参与者共同构建和塑造的。在这个过程中，教育者不仅是知识的传授者，更是对话的引导者和参与者。对话是学生对教育者和教育内容进行质疑和思考的过程。学生通过提出问题、表达不同观点和提出质疑，引发对教育者的反思和思考。因此，教师应该引导学生进行批判性思考，提出问题和质疑，激发他们的思辨能力。

唯有在开放的环境中，人们才能自由地表达自己的观点和意见，不受到过多限制或压力，促进对话的展开。所以，高校思政教育应在相互信任的开放教学环境中进行，让学生感到自由和舒适。教育者应以身作则，尊重学生的意见，不过分指责不成熟的观点，鼓励他们勇于表达自己的想法。可以建立反馈机制，让学生和教育者互相评价、反思对话的质量和效果，帮助高校及时调整和改进思政教育的方式和方法。

3. 促使思政教育隐性化

现代心理学中存在"自身免疫效应"这一概念，简单来说，就是人的潜意识为了维护原有的思维体系或思考方式，会抵制外来的不同思想，程度与外来思想被感知的程度成正比。传统的思想政治教育就容易受到"自身免疫效应"的排斥，因为其大多是强制性的，是一种单向传递的教育模式，学生被灌输特定的思想和观点，缺乏参与和互动的机会。大学阶段的学生通常具有强烈的自我认同和自由意志的需求，普遍希望能够独立思考，坚持自己的观点。传统的思想政治教育没有考虑学生的自由意志和个体发展的空间，导致逆反心理的产生。学生认为自己被迫接受课堂传输的观点，会下意识地抵制或反抗。

因此，当代高校思政教育应该考虑更多隐性化手段，而不是生硬地灌输。比如，在管理行动中创造宽松、开放的学习氛围，鼓励学生自主学习和思考，提供丰富的学习资源和自主学习的机会，让学生能够按照自己的兴趣和需求进行自主学习，自然而然地接触思想政治内容。学校活动和社团可以安排一些与思想政治相关的主题活动，如辩论社团、公益活动、文化交流，让学生在实践中体验和理解思想政治的重要性，通过参与活动和社团，自然而然地接触思想政治内容。校园文化建设应注重营造积极向上、符合社会责任感的价值观氛围，让学生在校园文化熏陶中感受到思想政治的影响和价值。

4. 促使思政教育活动化

在传统的"认知式"教育中，教师通常扮演着知识的传授者和学生的接受者的角色，教学重点放在知识的传授和学生对知识的理解上，学生主要通过被动接收知识和记忆来学习。"活动式"教育则强调学生的主动参与和实践，通过实践活动和体验来促进学生的学习和发展。教师在这种教育中更多的是充当指导者和引导者的角色，鼓励学生进行探索、合作和创造，学生通过实际操作和互动来积极构建知识并解决问题。这种转变的目的在于使学生更加积极主动地参与学习，培养其批判性思维、解决问题的能力和合作精神。通过实践活动的体验，学生可以更好地理解和应用所学知识，培养其自主学习的能力和兴趣。

"活动式"思政教育的关键在于思政教育的活动性、学生的主体性两个方面：为了保证学生的受教育体验感，应该确保课堂活动具有一定的挑战性和互动性，能够激发学生的思考和参与，鼓励学生之间的合作和讨论。要为学生提供实际的实践机会，让他们在亲身实践中应用所学的知识和概念。为了确保学生主体，应该让学生参与决策过程，如确定活动的主题、形式和内容；鼓励学生主动参与学习，提供一些自主学习的机会和资源；鼓励学生进行小组合作学习或团队项目，让学生在合作中发挥主动性；鼓励学生表达自己的观点和看法，并提供展示和分享的平台；给予学生评价和反思的机会，让他们对自己的学习和参与进行评价和反思。

此外，还要处理好理论教育和实践教育、外在教育和自我教育、思想道德教育与社会生活教育的关系。

理论教育和实践教育应该相辅相成，相互贯通。理论教育提供了知识和理论的基础，而实践教育则帮助学生将理论应用于实际情境中，促进理论的理解和运用。在进行实践教育之前，理论教育可以提供必要的知识储备和理论指导，实践教育提供了学生亲身参与和实际操作的机会。理论教育和实践教育应该相互反馈和调整。学生在实践中遇到问题和挑战时，可以回到理论层面进行思考和分析，找到解决问题的方法和策略。同时，实践经验也可以为理论教育提供反馈和修正，促进理论的更新和完善。

外在教育是指学校、老师、课程等提供的教育资源和指导，而自我教育是指学生自主学习和发展的过程。在思政教育中，既要注重外在教育的引导和指导，又要鼓励学生进行自我教育。教师可以提供更多学习资源和引导性信息，同时鼓励学生主动寻找学习的机会和途径。

思想道德教育和社会生活教育应该相互贯通整合。思想道德教育注重培养学生的道德品质和价值观，而社会生活教育则关注学生在社会生活中的实践和经验，将两者结合起来，使学生更好地理解和应用道德理念和价值观。学校和社会应该加强合作，共同推进思想道德教育和社会生活教育。学校可以与社会机构、社区合作，开展一些社会实践活动和道德教育项目，为学生提供更广阔的学习和实践平台。

（三）注重与学生的心灵情感沟通

这类的观点主要从加强健康教育以及注重情感沟通的特殊效应两方面来讲。

1. 重视心理健康教育

这种观点认为，加强和改进大学生思政教育工作，使思政教育与心理健康教育互相补充、互相促进，是高校提高思政教育的一条行之有效的途径。

首先，统一思想，组织保证，深化心理健康教育在思政工作中的基础地位。一方面健康的心理有利于学生接受思政教育，并内化为自己的信念，外化为自己的行为。另一方面是科学的世界观、人生观、价值观对一个人的心理素质有极为重要的导向作用，并可以提高其心理健康水平。

其次，增强实效，发挥心理健康教育在思政教育工作中的重要作用。要建立一支稳定、高素质的心理健康教育师资队伍，全方位了解学生心理需求，切实为大学生提供心理援助和解决实际问题。

2. 加强情感沟通

思想教育是一种情感教育，教师必须做到寓理于情、情理交融，只有这样才能打动学生的内心，让思想教育收到切实的效果。

首先，教师必须发自内心地爱护学生，在感情培养上倾注大量精力。教师要倾听学生的想法、关注他们的问题和困扰，并尽力理解他们的感受和需求；关注学生的学习进步和个人发展，及时给予肯定和鼓励，帮助他们克服困难；积极主动地与学生建立亲近的关系，尊重学生的个性和需求，给予他们足够的关注和支持。

其次，运用语言艺术实现以情感人、以情动人。思想教育应有真情实感，应当情理交融。教师要善于引导学生深入探索自己的内心世界和情感体验，通过提问、讨论和互动等方式，帮助学生更好地表达和理解自己的情感，并从中获得成长和启发；理解学生的情感和体验，并与之建立共情的联系；尊重学生的个体差异和情感表达方式，包容他们的不同观点和情感体验。

最后，信任激励学生，激起学生的感情共鸣。在对大学生进行思政教育的过程中，应善于运用信任这一情感因素，积极支持学生努力进步，给予他们鼓励和肯定，通过正面的反馈和激励增强学生的自信心和积极性，激发他们勇于进取的精神状态。教师要相信学生的潜力和能力，鼓励他们挑战自我、超越自我，并为其设定适当的目标和提供必要的支持，帮助大学生发现自己的优势和潜能，激发他们的内在动力；给予学生自主学习的机会和空间，让他们能够自主选择学习内容和方法。

（四）注重高校思政教育中的典型示范作用

优秀校友的典型示范是加强和改进大学生思政教育有效途径。一方面优秀校友的典型示范教育在思政教育中具有针对性和实效性，是在校学生最为亲近的榜样，另一方面优秀校友的典型示范教育在思政教育中具有吸引力和感染力。

首先，建立校友工作网络，广泛收集校友事迹。建立健全的校友联系渠道和完善的校友信息库是开展校友工作的前提，是开展优秀校友的典型示范教育的基础。

其次，大力宣传校友事迹，在不同方面进行优秀校友的典型示范教育。要大力宣扬优秀校友的先进事迹，在不同时间和场合不失时机对学生进行优秀校友的典型示范教育。

（五）增强高校思政教育中新媒体的宣传

从加强和改进大学生思政教育的紧迫性出发，重点分析了网络对大学生成长的负面影响。在揭示网络缺点的基础上，对思政教育工作的困难问题，提出预防性措施和相应的对策。

首先，要加强大学生个人素养教育，提高思想防范能力；其次，要加强网络规范管理，提高网络思想教育传播能力，思政教育必须增加网络道德和网络法律法规教育；再次，高校必须加大思政教育的创新力度，适时调整教育方式；最后，要加强大学生的心理健康教育，建立心理咨询站。

（六）增加有关思政教育的课程设置

一方面普通高校的军事教育课程既是国防课，更是政治课、德育课，在其中高扬学生思政教育的主题，严肃生动，紧张活泼，晓之以理，动之以情，潜移默化地提升大学生的思政素质；另一方面由于军事课教学能够做到课内外、校内外相结合，军地相结合，传统与现代相结合，知识传授与能力素质培养，尤其是与学生思政素质培养相结合，具有开放性、创新性和时代性特征，是当前增强大学生思政教育实效性的有效途径。

总之，大学生思政教育工作是一项需要与时俱进、不断创新的系统工程，为积极主动适应新形势的要求，思政教育工作者应该不断探索新途径、新方法，理论结合实际，为提高大学生的思政素质，为把他们培养成中国特色社会主义事业的建设者和接班人不懈地努力。

第三节　高校思政教育创新的意义

加强和改进大学生思政教育，事关广大大学生的健康成长，事关国家和民族的前途与命运，是一项基础工程、民心工程、希望工程和社会工程，影响深远，意义重大。

一、符合国际国内形势变化发展的需要

进入 21 世纪以来，经济全球化浪潮发展迅猛，我国社会依旧处于转型时期，互联网等现代科技手段日益深入到社会生活之中，由此形成和带来的一系列社会思潮、思想观念、行为方式等，对高校和谐校园建设提出了新的挑战。为了有效地应对这一挑战，需要高校思政教育的创新。

（一）从国际形势的发展来看

我国面临的和平演变压力从未弱化，我国高校也遭遇了持续不断的渗透，在一定程度上既扰乱了大学生的思想，又影响了学校的稳定，进而波及社会的发展和稳定。认真做好广大师生员工的思政教育工作，深入持久地开展爱国主义、集体主义和社会主义教育，提高其政治鉴别力和对各种腐朽思想的免疫力，筑起大学生牢固的思想长城，需要高校思政教育的创新。

（二）从高等教育发展的现状来看

随着我国高等教育的迅猛发展，高校在我国经济社会发展中的地位日益突出，

有着不可忽视的社会作用和影响力。高校是人才资源的宝库，是孕育新思想、新知识、新科技的重要园地，是社会创造活力的重要源泉，是发展先进生产力和先进文化的重要力量，是构建社会主义和谐社会的生力军。从影响来看，高校是思想文化最活跃、知识信息最密集的地方，高校学生涉及千家万户，家长时刻关心，社会普遍关切，海内外都非常关注，对社会的和谐稳定有着重要影响。可以说，没有高校的和谐，就难以有整个社会的和谐，这既给高校思政教育创新提出了新要求，也给高校思政教育创新提供了广阔的舞台。加强和改进大学生思政教育是关系国家前途和民族命运，确保中国特色社会主义事业兴旺发达的"希望工程"。

二、符合高校思政教育跟随时代进步创新的需要

由于我国正处于社会转型时期，再加上经济全球化和信息网络化的冲击，在高校思政教育领域内，内容的丰富与形式的改进不够充分、思政教育的地位尚未达到应有高度、思政教育的主导价值观受到挑战、思政教育的合力缺失与发展滞后等问题明显，若不与时俱进地对这些问题加以解决，高校思政教育一方面会越来越缺乏说服力，另一方面也会失去应有的地位和作用。要解决这一系列问题，增强高校思政教育的适应性、针对性、实效性，强化高校思政教育的地位，有效地推进和谐校园构建工作，就必须进行高校思政教育的创新。

高校思政教育的创新，是在深入研究其面临新情况的基础上，从更新高校思政教育的观念、充实高校思政教育的内容、改进高校思政教育的方法、强化高校思政教育的机制入手，实施的全方位创新。只有进行这样的创新，方能使高校思政教育适应形势，深入人心，发挥作用，显示威力；才能使高校思政教育真正保持旺盛的生机和活力，肩负起自己的职责和使命，并在为和谐校园的构建作出积极贡献的基础上，巩固和强化自己的地位。

时代变迁和社会的发展，提出了构建和谐校园的新要求，要实现这一目标，必须抓住用马克思主义中国化的最新成果武装头脑这个首要任务，抓住加强和改进思政教育这个基础，抓住心理健康教育、塑造良好心态这个重要环节，抓住校园文化这个重要载体，抓住高校发展这个主题，抓住队伍建设这个关键。只有抓好了这些工作，才能抓住和谐校园建设的关键。

要在坚持传统思政教育内容精华的基础上，紧跟时代步伐，密切联系经济与

社会发展，以科学发展观为指导，结合大学生的思想实际和全面发展的要求，吸纳大量符合时代要求的新材料、新内容，将马克思主义中国化的最新成果融入思政教育体系中，创新高校思政教育的方法，确立社会主义核心价值体系的主导地位，理顺心态，促进优良教风、学风和校风的形成，最终完成构建和谐校园这一历史使命。

实际上，高校思政教育的创新，就是通过将符合时代要求和更加丰富的内容充实到高校思政教育过程中来体现的。没有新材料、新内容的高校思政教育是缺乏时代感、僵化的和不具备说服力的。只有在大量鲜活的材料被引入高校思政教育的情况下，高校思政教育才会因自身所具备的强烈时代感和震撼力，增强自身的说服力。高校思政教育的创新在促进高校思政教育内容创新的同时，还应创新高校思政教育的方法。高校思政教育方法的创新是高校思政教育创新的重要组成部分，也是加强和改进高校思政教育的有效支撑。

新形势下的高校思政教育，若不能把马克思主义的立场、观点、方法与时代特征相结合，在继承和发扬高校思政教育优良传统的同时，努力探索高校思政教育的新途径、新手段和新载体，就不能在信息社会里利用一切先进技术手段，创新工作方法，增加思政教育的科技含量，抢占信息传播的制高点，掌握网络思政教育的主动权；就不能激发大学生的学习热情，营造民主开明的教育氛围，帮助大学生自觉、愉悦地接受科学理论和先进思想；就不能在实施教育的过程中有效注入真情实感，以人为本，从大学生的实际需要出发，解决思想问题，有效发挥思政教育的强大功能。

高校思政教育创新的目的，就在于根据时代的变化和社会发展的要求，破除陈规的束缚，解放思想，与时俱进，博采众长，通过思政教育内容和方法的创新，增强思政教育的效果，为和谐校园的构建提供强大的精神动力和方向保证。

但是，在高校进一步扩大对外开放的形势下，如何去有效应对通过各种显性或隐性渠道进入我国的西方价值观念，抨击各种腐败现象，维护马克思主义的崇高信仰，给高校思政教育提出了更高要求。整合高校各领域资源，有效发挥高校思政教育的合力，完善思政教育的教材体系，增强高校思政教育理论课的实效性等，皆是高校思政教育创新所要解决的紧迫任务。不解决好这些问题，就不能加强和改进高校思政教育，不能全面提升高校思政教育的效果。通过构建和谐，创新校园高校思政教育，针对不同的教育对象，充实与时俱进的丰富教育内容，采用形式多样的为广大受教育者喜闻乐见的教育方法，完善各项更为人性化的保障措施，进而实现对思政教育效果的提升，就成为一件水到渠成的事情。

三、有利于高校教育质量的提高

高校思政教育的创新，目的在于通过促进和谐校园的构建而实现人的自由全面发展。人的现代化是人的自由全面发展的必经阶段，人的自由全面发展则是人现代化的最终目的和必然结果。处在社会转型时期的当代中国，迫切需要大量实现了现代化转型的人才。所谓人的现代化，是指人的现代特性发生、发展的现实活动，是一个由传统人向现代人的转变过程，它包括人的观念、道德、智能、生活方式从传统向现代的转变等方面。作为现代化的人，应具有与时代相适应的道德理想、价值观念、民主法制观念、权利义务观念、效率观念、全局观念和信息观念等现代化思想观念，具有现代科学文化知识、伦理道德修养、生活行为方式、身体与心理素质等。其中，思想道德素质在人的素质结构中居于核心地位，对人的素质状况起着决定作用，并成为衡量人的素质状况的根本性标志和促进人自由全面发展的重要途径。

（一）有利于提高大学生的思想道德素质

高校思政教育的创新，一方面是在不断根据社会发展和受教育者的思想实际，充实思政教育内容，改进思政教育方法的情形下，以受教育者喜闻乐见的生动形式，让受教育者学习和掌握与时俱进的马克思主义理论，树立正确的世界观、人生观、价值观，正确处理人与人、人与社会以及人与自然的关系；树立远大理想，坚定对马克思主义的信仰和对社会主义的信念，以高尚的情操、不屈不挠的品格和勇于奉献的精神，承担起庄严的社会责任和实现中华民族伟大复兴的历史使命。

另一方面，高校思政教育的创新，又在坚持育人为本、德育为先、立德树人理念的基础上，着眼于培养受教育者的独立人格和敢于承担社会责任的道德品质，促进受教育者创新精神和创新能力的发挥。当高校思政教育的创新始终围绕着上述两个方面展开并取得成效的时候，大学生的思想道德素质的提升就有了一个可靠的保障。

(二)有利于促进大学生健康人格的完善

良好的心态，健康的人格，是身心健康的重要标志，是大学生获取全面发展的基础，也是社会和谐的基本条件。现代社会不断加快的节奏和持续加剧的竞争，一方面能够激发大学生勤奋学习、奋发进取的精神，另一方面也使大学生面临更大的学习、生活和就业压力，并导致越来越多的心理困惑、心理障碍甚至情绪失控等问题的产生。当代大学生的构成比较复杂，有的在优越的环境中长大，有的家境则比较贫寒，有的抗挫折能力较差，有的自卑心理较重，容易出现各种各样的问题。促进大学生人格的和谐与心理的健康，是高校思政教育创新的主要关注点之一。

构建和谐校园高校思政教育的创新要始终立足于帮助受教育者树立崇高的理想，确立正确的世界观、人生观、价值观，促进大学生人格的完善。远大理想是人们向往并为之奋斗的崇高目标，是引导人们走向未来的旗帜，也是鼓舞人们奋发向上的精神力量。心理研究表明，目标在大脑中能够形成一个强兴奋区，它能激发热情，为意志输送力量。当大学生为思政教育的缜密理论所折服、为思政教育的客观公正性而动容的时候，客观、公平、公正的思想便能够深入大学生心中，并成为大学生和谐人格的重要构成部分。很难想象，一个缺失客观公正性的高校思政教育活动能够取得成功。

加强和改进大学生思政教育，是推进素质教育、引导学生全面成长的"基础工程"。在社会主义现代化建设持续推进的进程中，大学生的平均素质能力不断提升，呈现愈发强烈的成才愿望。一个人的全面成长和成才不仅取决于个人的智力因素，还包括思想政治素质等其他因素的综合影响。个人的智力水平、学习能力、专业技能等直接关系其在学业、职业发展中的表现，而思政素质也是影响其成长和成才的重要因素。

思政素质在大学生的成才过程中不仅是道德情操的培养，更是全面素质的提升，它对大学生的成长、发展和未来职业生涯起着重要的引领和推动作用。首先，思政素质是引导大学生树立正确的世界观、人生观、价值观，使其具有正确的人生目标和追求的关键，能够培养他们积极向上、积极进取的生活态度。其次，良好的思政素质可以使大学生树立强烈的社会责任感，让他们意识到自己作为社会成员应该承担的责任，愿意为社会发展、民族振兴贡献自己的力量。最后，思政素质还包括对国家政策、社会热点问题、历史文化等方面的了解和认识,使大学生具备丰富的思想政治素养,能够正确理解国家发展、社会变革的内在逻辑和规律。

一个具有良好思政素质的人,在面对人生选择、社会交往、困难挑战时,更能够保持坚定的信念,正确的价值取向和行为准则。因此,一个人的成长和成才是一个综合性的过程,不仅需要具备一定的智力因素,更需要具备良好的思政素质的引导。这种综合素质的培养和提升需要个人自身的努力,也需要家庭、学校、社会等多方面的教育和引导。

大学阶段是个人自我认知和自我价值观形成的关键时期,通过学习、社交、实践等多种途径,大学生开始逐渐认识自我、理解自我,并形成自己的核心价值观和人生观。大学生在校园中独立生活、学习,需要自主管理时间、解决问题,培养出自立能力和适应社会的能力,建立更加成熟的人际关系,经历各种学习和社会实践,为未来踏入社会作好准备。在自我认知和身份定位的过程中,大学生必然产生对自我价值的质疑和迷茫,因对未来方向和目标的思考而感到困惑。这些问题本质上来自世界观、人生观、价值观形成与确立时期的迷惘。

思政教育通过课程设置和教学方式,引导学生正确树立社会主义核心价值观,注重培养学生的社会责任感、正直诚信、公民素养等道德品质,培养学生正确的人生观、价值观和世界观,对解决大学生可能存在的价值观混淆或困惑问题具有重要意义。通过思政教育,学生可以更好地理解国家发展、社会变迁和时代进步的意义,增强社会责任感和使命感,提升对社会的认同感和归属感,有利于他们更好地适应社会生活,解决由此产生的困扰。思政教育也促进大学生对自身的认知和成长,通过学习和思考,他们能够更清楚地认识自己、理解自己的定位和角色,找到人生的目标和意义,从而更好地解决内在需求和困扰。

(三)有利于加强大学生的创新精神

创新是一个民族进步的灵魂,也是一个国家兴旺发达的不竭动力。创新是时代的呼唤,也是时代给大学生提出的更高要求。大学生要取得学习上的进步、心理素质的提高、自我潜能的充分发挥,获取符合时代要求的创新能力,就必须具备创新精神和创新能力。高校思政教育的创新对大学生创新精神的促进,是通过培养大学生的创造性品格素质而实现的。

首先，高校思政教育通过创新引领大学生的精神状态，树立崇高理想和信念，为大学生提供精神动力。高校思政教育的创新，正是通过进取精神的培养，使大学生勇于发现真理、坚持真理、捍卫真理，进而取得可贵的创造性成果。

其次，高校思政教育能够通过不断的创新，培养大学生创新精神中不可或缺的坚强意志。人创造力的发挥是以艰苦的劳动和严谨的工作为基础的。大学生要想前人之未曾想、说前人之未曾说、干前人之未曾干的事，只有不畏困难、坚持不懈、百折不回，才能取得成功。高校思政教育的创新，在于适应当前的时代背景、社会环境和社会需求，让大学生在新时代通过创造社会贡献来实现人生价值、自我价值。个人的价值与其所作出的贡献和创造密切相关，无论是在工作、学习还是在创业、艺术等领域作出的贡献。如果一个人没有创造或贡献任何社会价值，他的人生就会变得毫无意义。高校应该让学生了解克服困难和追求进取的重要性；激发学生的积极性和创造力，让他们从他人的经验中受到启发；提供实践机会，让学生亲身经历克服困难、积极进取和努力创造的过程；鼓励学生提出新的想法和观点，培养他们的创新意识和创造力；引导学生学会与他人合作，培养团队合作精神。

最后，高校思政教育能够以不断的创新，引导大学生把为实现中华民族伟大复兴的崇高理想与自己人生价值的实现结合起来，激发大学生热爱自己的专业，对事业充满激情。创造离不开兴趣，更需要热爱事业的激情。唯有让大学生热爱生活和事业、充满信心，才能激发他们以满腔热忱去探索、去发明、去创造。激情则是一种在文学艺术创作和科学技术创造中不可或缺的情感。

高校思政教育的创新，就是要在教育过程中，全面展示以改革创新为核心的时代风貌，深刻揭示中华民族自强不息、发展壮大的根本原因和与时俱进、开拓进取的力量源泉，培养大学生以浓厚的兴趣、昂扬的激情、开拓的勇气以及强烈的自信，以创造性的劳动去最大化实现自己人生价值。毫无疑问，高校思政教育的创新对大学生创新精神的培养，有着不可替代的作用。

（四）有利于促进高校"三风"建设

高校思政教育的创新，离不开优良的校风、教风、学风建设。良好的校风、教风、学风有助于形成积极向上的办学理念，使学校更加注重学生全面发展、人文关怀、实践能力培养，形成以人为本的办学理念，促进高校内部各项工作的顺利开展。校风、教风、学风的大力建设有利于构建和谐的教学科研环境，教师整体上会更加关注教学质量，学术研究水平也会得到提升，科研成果也会更加丰硕。优良的校风、教风和学风将对教学管理体制产生积极影响，也有助于校园文化氛围的健康发展，促使学生之间形成积极向上、团结友爱的校园文化氛围，增强集体荣誉感和归属感。学校管理者更加注重教学过程中的细节，改善教学管理方式，提高管理效率，精准施策，推动教学管理体制不断完善。另外，高层次的校风、教风和学风也会对高校培养的人才素质结构产生深远影响，学生在积极向上的学习氛围中成长，普遍具备更好的综合素质和创新能力，对社会的发展产生更积极的影响。

教育教学工作不仅是向学生传授专业知识和培养专业技能的主要途径，还是对学生进行思想政治教育的主要途径。首先，学习专业知识和技能，学生才能在智力上得到全面发展，成为拥有扎实专业基础和创新能力的社会主义建设者和接班人。但是，在高校中，学生接受的不仅是学科知识，更重要的是正确的思想意识形态，培养社会主义核心价值观，这一点对促进德的全面发展至关重要。学校的教育教学工作，可以促使学生参与体育锻炼和健康教育，促进学生身体健康的全面发展。艺术教育和人文素养同样重要，这些内容也是通过教育教学工作来实现的。学校的教学工作应该注重培养学生的审美情趣，提升其文化修养，使其在美的领域得到全面发展。因此，教育教学工作是实现培养德、智、体、美、劳全面发展的社会主义建设者和接班人的基本途径。

在教育教学工作过程中，学生、教师乃至其他工作人员的行为准则都反映着学校的办学理念和风格。一个学校是否重视学术、严谨求实，是否注重全面发展，是否尊重个体差异，都能从学生的"学风"、教师的"教风"以及管理人员和后勤保障人员的"作风"中得到体现。学生的学习态度、课堂表现，教师的教学方法、教学质量，以及其他工作人员的工作作风，直接影响着教育教学活动的开展和效果，良好的学风、教风和作风有利于提升教育教学的质量和效果。学生的学习、教师的教学、管理人员和后勤保障人员的工作等，都是教育教学实践活动的组成部分。在不断优化这些工作的过程中，学校的教育教学实践活动本身也在不断完善和发展。

大学精神和大学文化映射着一所高校的办学理念、办学特色、办学目标，并集中体现在校风、教风、学风建设上。校风是总揽,是教风和学风的综合反映;教风是关键,影响校风,引领学风;学风是基础,推动校风,促进学风。"三风"相互联系、相互促进,共同推动高校的未来发展,构成高等教育质量的关键。

从一定意义上讲,高校思政教育的创新,就是要保障和促进"三风"建设。高校思政教育的创新,要立足于提高教学双方的政治素质,确保马克思主义中国化的最新成果稳居高校阵地,在明确自身的核心价值观和办学宗旨,强调尊重人的多样性、促进学术自由、秉持科学精神的前提下,通过思想政治理论课程加强对学生的思想政治教育,引导他们树立正确的世界观、人生观和价值观,增强他们抵制错误思潮的能力;明确师德标准,加强师德培训,树立优秀师德典型,培养教师爱岗乐业、以身作则的崇高职业精神,确保师生双方对中国特色社会主义事业充满信心,并使锐意进取的作风成为校园文化的主流。

高校思政教育的创新,要特别关注当代大学生的情感需求,要在注重平等和相互尊重的基础上,以理服人、以情动人,引导大学生克服各种不良心理因素,培养大学生顽强的毅力和拼搏精神,不畏学习和前进道路上的一切艰难险阻,成为在德、智、体、美、劳等方面全面发展的人才,为良好学风的形成奠定坚实的基础。高校思政教育的创新,还要充分吸取中西方文化的精华,根据时代发展的要求,既鼓励和保护自强不息的竞争精神,又提倡和开展积极的相互合作,营造和谐的人际关系氛围,提升每个人的自信心,理顺情绪,合理规划未来的发展方向,使校园内处于一种与时代发展相符的和谐氛围,促进优良校风的形成。

高校思政教育的创新要以建立和完善与时俱进的评价机制和保障体系为依托,通过树立先进典型,加强高校党风建设,加强高校思政教育队伍建设,实施以人为本的规范化管理,为"三风"建设提供更加可靠的保障。

教育具有综合性和复杂性,成功的教育和失败的教育都是由多种因素相互作用而产生的。教育成功与否并非单一因素能够决定,而是教育内容、教学方法、师资水平、学生家庭背景、社会环境等多个方面的因素共同作用的结果。任何成功的教育都是在这些因素相互配合下形成的。总之,大学生思想政治教育既是学校的责任,也是家庭和社会的责任。学校是学生学习、成长的重要场所,但家庭和社会也对学生的思想政治教育有着重要影响。学校、家庭和社会都是大学生接受信息的重要来源,拥有各自的教育资源:学校提供正规的课堂教育,家庭提供日常的言传身教，社会则通过各种渠道传递价值观念。只有学校、家庭和社会密切配合，三方协同，实现资源共享与互补，才能达到全面育人的目的。大学生是国家和社会的未来，其思想政治素质的良好发展对于社会的长期稳定和发展至关重要。因此，全社会都应该积极支持大学生思想政治教育，将其纳入国家教育发展战略的全局之中。

作为大学生思政教育的主阵地，思政理论课、哲学社会科学课程和其他各门课程都具有不同的思政育人功能。思想政治理论课是高校进行思想政治教育的重要平台，其主要育人责任在于传授马克思主义理论、中国特色社会主义理论等相关知识，引导学生树立正确的世界观、人生观、价值观，培养学生的爱国主义、社会主义信仰和理想信念，增强学生的思想道德素质。哲学社会科学课程旨在培养学生的批判性思维、逻辑思维和分析能力，使其具备对社会现实、历史变迁、文化传承等问题的深入思考和分析能力，从而形成积极进取、独立自主的人格品质，培养学生的辩证唯物主义世界观和方法论，使他们能够在复杂社会环境中保持清醒头脑，正确看待世界。除了思想政治理论课和哲学社会科学课程外，其他各门课程也都有育人责任。例如，在专业课程中，教育教学、工程技术、医学护理等课程应当注重职业道德教育；在艺术类课程中，需要培养学生的审美情操和人文素养；在体育课程中，需要锻炼学生的团队合作精神和体魄。因此，各门课程都应当在专业知识传授的同时，以其特定的角度对学生进行思想政治教育。

要确保思政教育融入大学生专业学习的各个方面，制订全面有效的教育计划，强化教师队伍建设，构建育人平台，通过跨学科课程设计或思政实践课程设置，让学生在专业学习中接触到思政内容，组织学生参与社会实践、志愿服务等活动，引导学生将所学知识与社会实践相结合，加强评价与监督机制。同时，全社会都应该配合大学生的思政教育工作：宣传、文艺、出版等部门可开展主题宣传活动，如演讲、讲座、展览等，协助学校举办思政主题日、文化节、知识竞赛，引导大学生深入了解国家政策、社会发展，增强社会责任感和使命感；鼓励文艺界创作思政题材的文学作品、音乐作品、舞蹈作品，以各种艺术形式传达正确的思想观念和价值取向，举办文艺作品展览、演出等活动，让大学生通过艺术作品感受思政教育的魅力，激发他们的爱国情怀和社会责任感；社会团体、企事业单位可以与学校合作，组织学生参与社区建设、环保公益活动等社会实践和志愿服务项目，培养大学生的社会责任感和奉献精神；街道、社区、村镇可以为大学生提供志愿服务岗位，让他们深入社区了解基层情况，增强对社会的认知和责任意识；党政机关可以邀请相关领域专家学者参与或举办思政主题讲座，对大学生进行政策解读、社会热点分析等教育培训；企事业单位可以开展就业指导、职业规划等方面的讲座，帮助大学生树立正确的人生观、就业观。

参 考 文 献

[1] 李良庆. 高校思政教育工作创新研究 [M]. 延吉：延边大学出版社，2022.

[2] 张伟. 高校思政教育建设与辅导员工作研究 [M]. 延吉：延边大学出版社，2022.

[3] 田自立. "互联网+"视域下高校思政教育实践研究 [M]. 延吉：延边大学出版社，2022.

[4] 高瑛，丁虎生. 新时代高校思政教育工作体系研究 [M]. 北京：光明日报出版社，2022.

[5] 万娟. 基于创新发展的高校思政教育研究 [M]. 长春：吉林大学出版社，2022.

[6] 白留艳，赵旭英，蔡艳宏. 新时代高校思政教育融合机制研究 [M]. 长春：吉林大学出版社，2022.

[7] 崔欣玉. 自媒体环境下高校思政教育研究 [M]. 上海：上海社会科学院出版社，2022.

[8] 孙丽娟. 新时期高校思政教育理论与实践 [M]. 延吉：延边大学出版社，2022.

[9] 张婷婷，黄家福，李珊珊. 大数据时代背景下高校思政教育创新 [M]. 北京：北京燕山出版社，2022.

[10] 刘珺，彭艳娟，张立军. 社会主义核心价值观与高校思政教育工作理论创新研究 [M]. 北京：新华出版社，2022.

[11] 孙飞. 新媒体时代高校思政教育工作面临的挑战和机遇研究 [J]. 大学，2023（21）：29-32.

[12] 黄桂香，吴芳. 习近平思政教育论述融入高校思政教育的价值及路径 [J]. 咸阳师范学院学报，2023，38（04）：93-97.

[13] 薛丹丹. 基于全媒体时代高校思政教育应用策略 [J]. 中国报业，2023（14）：148-149.

[14] 魏云雁. 融媒体时代高校思政教育工作创新研究 [J]. 中国报业，2023（14）：

166-167.

[15] 刘大炜.高校思政教育对学生职业价值观的影响分析[J].文化学刊，2023（07）：200-203.

[16] 尚晓丹.新媒体环境下高校思政教育创新路径探析[J].新闻研究导刊，2023，14（13）：193-195.

[17] 李刚.新媒体视域下提升高校思政教育亲和力的路径探析[J].新闻研究导刊，2023，14（13）：184-186.

[18] 杨莉.高校思政教育和德育工作的融合方式分析[J].大学，2023（18）：133-136.

[19] 刘晓飞.大思政视域下高校思政教育实践育人路径研究[J].大学，2022（S2）：94-96.

[20] 金剑琳，李朝阳.新时期高校思政教育落实立德树人任务的策略[J].山西财经大学学报，2022，44（S2）：57-60.

[21] 朱彬.高校思政教育网络资源建设研究[D].南昌：南昌大学，2022.

[22] 耿海倩.三全育人视域下高校思政课与日常思政教育工作协同育人研究[D].济南：山东大学，2022.

[23] 李飞."三全育人"理念下高校创新创业教育课程的思政功能研究[D].桂林：桂林电子科技大学，2022.

[24] 张仁力.高校大思政教育的实践路径研究[D].长春：长春师范大学，2022.

[25] 张娜.以精准思政推进优秀传统文化融入高校思政教育研究[D].济南：山东大学，2022.

[26] 段玉婷.新时代高校思政课教师教育情怀研究[D].南充：西华师范大学，2022.

[27] 余亚文."微时代"下高校思政教育发展路径创新研究[D].南京：东南大学，2019.

[28] 郑恒.高校思政教育微载体应用存在的问题及对策研究[D].武汉：华中师范大学，2018.

[29] 崔玉君.改革开放以来高校思政教育话语的演变与发展趋势[D].太原：太原理工大学，2017.

[30] 陈功力."互联网+"时代背景下高校思政教育创新研究[D].西宁：青海大学，2017.